启 航

——从这里开始

主 编◎赵 丽

副主编◎李伟伟

编 委◎王晓辉 韩官海 姜小丽 尹国华 周贝妮

中国海洋大学出版社

·青岛·

图书在版编目（CIP）数据

启航：从这里开始／赵丽主编. —青岛：中国海洋大学出版社，2022.12

ISBN 978-7-5670-3372-6

Ⅰ.①启… Ⅱ.①赵… Ⅲ.①青年教师—师资培养—研究 Ⅳ.①G451.2

中国版本图书馆CIP数据核字（2022）第238365号

出版发行	中国海洋大学出版社
社　　址	青岛市香港东路 23 号　　邮政编码　266071
网　　址	http://pub.ouc.edu.cn
出 版 人	刘文菁
责任编辑	孟显丽
电　　话	0532-85901092
电子信箱	1079285664@qq.com
印　　制	青岛国彩印刷股份有限公司
版　　次	2022 年 12 月第 1 版
印　　次	2022 年 12 月第 1 次印刷
成品尺寸	170 mm × 230 mm
印　　张	12.5
字　　数	208 千
印　　数	1~1000
定　　价	45.00 元
订购电话	0532-82032573（传真）

发现印装质量问题，请致电 0532-58700166，由印刷厂负责调换。

前　言

　　本书以新教师专业成长为追求目标，从心理上零距离贴近教师，为教师的专业成长提供精神维度和空间。本书分为四个板块，分别为幸福启航、教育智慧、叩问课堂和专业成长。它围绕新教师的心理成长历程，关注基础教育教学课程改革，传播教育发展新理念，总结课程改革新经验，宣传教育领域新典型，关注教师的生存价值，折射教师的多彩生活，深研教师的职业心态，推广教师的教研成果，提升教师的专业素质，拓展教师的生命境界。

　　新教师作为教师群体的新生力量，代表着激情和活力，在学校总体发展中处于十分关键的战略地位，也是推动学校教学、科研和社会服务，提升质量和水平的基础；它既关系学校总体目标的实现，也涉及教师个人事业发展的达成；既直接与培养中国特色社会主义的合格建设者和可靠接班人的质量相关，也与教师本身人才培养能力是否吻合学校发展和学生发展的需求相关。

　　青岛市中小学教师培训中心（以下简称培训中心）在新教师教育培训过程中，努力探索教师发展的核心问题。教师对于职业认知和认同程度将直接影响教师的发展和教育成效，如果教师在教育实践中对于教育目标的认识只停留在完成教学任务和知识传输这一层面，必将会导致教师发展不能与社会、学校、学生的需求相适应。高尔基说："谁爱孩子，孩子就爱谁。只有爱孩子的人，他才可以教育孩子。"教师的爱，既包括爱岗位、爱学生，也包括爱一切美好的事物。"立德树人"是教育的根本任务，教师在教育过程中不单要把教师看作一个职业，更应该把它当作人生目标和追求去做。只有教师把教育当成崇高的事业和人生价值的体现去完成，把教育的精神实质及内涵变成教师在教育实践中自我价值的实现和追求看待，把爱存心中。在教师发展中，教师所获得的不单是自身职业发展的美好前景、人生意义和价值实现，更为重要的是创造了学生的精神生命，把文化、思想、理念延续和传承下去。教师教育要把培育教师高远的价值追求贯穿于教师职业生涯的全过程中，帮助教师树立终身教育的理念。

为夯实我市教师队伍培养的基础，促进青年教师的健康发展，青岛市教育局制订了新教师三年培训方案，以岗前适应—理念提升—成果展示为主线，为新教师的成长提供不断引领、探索、反思、实践的平台。培训中心根据基础教育教学改革发展要求，围绕当前基础教育的现实问题，进行大胆创新和改革，积极探索新教师跟岗实践和集中培训相结合，最终实现自主管理的培训模式。参训学员不但在课堂上能够学习到新的教学理论、管理方略、教学案例，课后还能通过彼此的沟通与交流，互通信息，相互借鉴，共享成功经验。新教师三年连训不仅提高新教师个人能力素质，丰富了个人人生阅历，也促进了学校管理和教学工作的交流。

本书的出版，目的在于集思广益。大家谈谈新入职时的忐忑，聊聊工作中的大小事，碰撞一下课堂教育教学中的奇思妙想，汇总一下成长过程中的酸甜苦辣，给新教师提供一个成长的平台。

本书撰稿、统稿和审核的工作情况如下：赵丽负责全书的统稿，撰写前言。李伟伟负责全书内容的审核，撰写四篇篇首语，分别为《扬帆起航　筑梦前行》《教育是一门艺术》《课堂，师生共同的战场》和《破茧成蝶　向阳而生》，并与王晓辉共同负责第一、二篇的审核和统稿；韩官海和姜小丽负责第二、三篇的审核和统稿；周贝妮和尹国华负责第三、四篇的审核和统稿。

最后，再一次感谢每一位投稿的老师的大力支持。由于水平所限，书中难免有错误和疏漏之处，欢迎读者批评指正。

赵丽

2022年3月

目　录

叩问课堂

专业成长

幸福启航

扬帆起航　筑梦前行

　　扬帆起航，原本是升起风帆开始航行之意。新教师刚参加工作，面临的不仅仅是环境的变化（从讲台下走到讲台上），也不仅仅是角色的变化（从听讲者变成传道授业解惑者），更主要的是一种人生经历的变化，这个变化是重大的。

　　因此，我想，新老师应该记住这句话：经历是一笔财富。这种经历是具体的、日常的。小到收拾办公室卫生、到总务处领取办公用品、去印刷室复印资料，大到备课、上课、参加教研活动、申报课题研究，这些都是一个新老师具体而实在的经历。而这些实实在在的经历，会带给你不一样的风华。

　　如山东省青岛第十九中学吴晴晴老师对职业、心理、学生等具体对象的认知进行分析；崂山第十中学张雪莹老师在一次次的"对抗"中得以淬炼和提升；平度市南京路小学张燕老师对每一个孩子都一视同仁；莱西市院上镇武备小学于静老师谨守初心，兢兢业业……

　　教师这份职业与众不同的地方就在于，它用心换心，以情动情。只有你倾注了全部的心血，才能得以美梦成真。

新教师入职适应的问题与思考

山东省青岛第十九中学　吴晴晴

作为一名师范院校的学生，毕业后，我顺利地进入一所市属高中。在教学伊始，碰壁无数。我在与同一期的同事交流中发现，他们也存在很多入职适应的问题，这不免引发我对这一现象和问题的思考。

在中国知网中输入"教师入职适应""新教师角色转变"关键词或主题后发现，相关文献近万篇，但更多的则是政策下的教师角色转变，与新教师目前所面临的问题并没有直接的关系，所以我有条件性地筛选部分文章进行阅读和整理。通过阅读发现，新教师入职需适应的问题及思考的研究内容集中于新教师入职所碰到的问题及相应的对策，问题大致分为职业认知、环境适应、学生情况、人际关系和个人业务五个方面；对策主要是从外部支持和教师自我完善两大方面提出的。

一、新教师入职问题

1. 职业认知

职业认知，简单来说就是对职业的认识，对职员和团体的认识。那么，新教师对自身职业的认知，就是指刚刚毕业的大学生对于教师职业的认识，反映了他们基于自身教育经历和社会体验，在社会、学校和家庭环境的影响下，对教师这门职业所产生的主观评价。思想指导行动，对于职业认知的偏差，往往造成个人行为与教师形象的不符，从而给学生留下不好的印象。

新教师对于职业认知不准确、职业定位偏离、职业信念不坚定等问题如若不及时做出调整，久而久之，就会产生较低的职业认同感，或导致新教师产生离职倾向。

2. 环境适应

这里所指的环境，主要是学校环境和工作环境。新教师步入工作岗位后，面临新的工作、生活环境，会碰到一系列新问题，有待新教师学习解决，因而新教师的部分精力是放在适应环境和开展工作上。这里主要是心理适应和生理适应。

心理适应。新教师入职后，需要适应学校这一组织生活的社会化过程，不仅要忙于自己的业务，还要学会如何融入新的学校集体中去。但是这一过程是渐进式的，在这一过程中，部分教师缺乏这样的适应能力，不能根据所处环境相应地规划自己的未来，很容易产生孤独、无助和焦虑等心理困扰，产生失落感和迷茫感。

生理适应。新教师进入新的工作环境，除了提高教学业务以外，还要处理各种各样的人际关系，难免会觉得力不从心。工作的压力与关系的紧张对身体的影响是十分不利的，很容易造成失眠等问题的出现，进而反过来影响工作，形成一种恶性循环。

3. 学生情况

学生在认知发展、身心发展以及行为发展等方面都远远超出新教师的预期，与他们掌握的学生情况出现颇大偏差。这不仅仅有负面的影响，同时也有正面的压力。随着网络的发达，学生获取知识的途径变得非常便捷，教师走进教室教课后发现，部分学生不满足于书本的知识或是早已理解书本知识，此时就要求教师有更多的拓展内容。学生不满足于课堂的基本知识对于新教师来说，同样是一个问题。

4. 人际关系

在生理适应中，简单提及因人际关系紧张造成的问题。在学校，对于一名新教师，要处理与领导、同事、学生、家长等的关系。许多新教师经常发现难以适应学校系统，包括组织文化及人际关系，在处理与学校领导、同事、学生及学生家长之间的关系时，经常显得无奈。与领导之间或许会因为误解而不受重用；同事之间或许会因为交流少而互相猜疑；与学生之间或许会因为管理不善而疏远；与学生家长之间或许会因为出发点不同而产生矛盾。人际关系是一个错综复杂、极其微妙的存在，新教师大都会遇到这方面的问题。

5. 理论技能

在教学实践过程中，许多新教师发现自己掌握的理论技能与实际情景相脱节，很难有效指导教育实践活动。这一方面是因为教育经验不足，另一方面是对教师的实际工作情形不太了解，凭借个人原有的感性体验，模仿熟悉的教师进行教育工作，极易出现备课无法把握重点、不能合理把握教学进度等问题。即便自己投入很大的精力，但是最终的教学效果并不理想，这给新教师造成很大的困扰。

二、解决策略

1. 外部支持

首先，全面、长远的入职支持目标。因为教师的成长是阶段性的，不同阶段会面临不同的问题，全面而长远的目标更加符合教师阶段性成长的特性。其次，多元、协调的支持主体。对新入职教师的培养，必须立足教育事业发展的战略高度给予重视，全社会要广泛关注并参与其中。国家、政府、教育行政部门、高等学校、教师工作单位、专业培训机构等，要协调配合，多元支持。再者，完整、系统、个性化的入职支持内容。学科之间既存在共性问题，又各有千秋，比如班主任工作与任课教师之间的工作。因此，培训的内容要根据对象设置得更有针对性和有效性。最后，灵活、多样的支持形式。根据教师不同的发展阶段和工作量，灵活地安排培训方案，如校内校外相结合、本地外地相结合、面授和网络相结合等。

2. 自我完善

首先，树立终身学习的意识。每一位专家型教师都是从新教师慢慢成长和发展起来的。给学生一杯水，你要有一桶水，给学生一桶水，你就得是长流水，同样说明教师是需要终身学习的。其次，增强自身专业素养。增强教学业务的水平，尝试到教育成果的喜悦，可以增强新教师的抗打压能力，找到适应工作的突破口，逐步把其他方面做到更好。另外，作为一名教师，专业素质强是自己最好的武器，它不仅是新教师度过入职困难期的良策，也是教师教学生涯顺利的良策。最后，善于反思。教师对个人教育经验的科学反思，可以促进自身的专业成长。

　　新教师在入职期碰到的许多问题更多地集中在教学方面，这样我主要的努力方向也就更加明确。青岛市教育局对于新教师的培训工作十分重视，一年两次外出培训，学习内容丰富多样，针对性强。所以，我解决个人入职适应问题，更多地取决于我自身的努力，暑期的在职研究生学习生活让我更加坚定了教育信念，学习到很多先进的教学模式。我也十分盼望在我的课堂尝试，以弥补自身在教学手段上的不足。我希望自己更快地度过入职适应期，通过自身的努力，顺利成长为一名合格教师，进而成为一名优秀的数学教师。

在疼痛中成长，在对抗中成熟

青岛市崂山区第十中学　张雪莹

在疼痛中成长，在对抗中成熟。

——题记

来到青岛市崂山区第十中学工作已经一年半了，在这一年半中，我真真切切地完成了对自己身份——一个老师的认同。回顾自己的成长之路，可以说，欢乐与辛酸同行，收获与遗憾同在。

问题·醒悟

与同时入职的老师相比，我多了两年的教师工作经历，这段经历让我在教学中如鱼得水。可也正是这段经历让我放松了对自己的要求——缺少教案、教案设置不规范、作业批改不达标、没有关注到后进生的学案。

当时的我看到这几条评价内心是很不服气的，我认为教师只要备好课就行，其他的都是鸡肋。然而，期末成绩出来了，我们班的成绩出现了两极分化的现象，年级排名中前500不少，可后1500更多，这种情况引起了我真正的反思：我是否真的有些狂妄了，不仅失去了学生的友情，更失去了自己的教育初衷。

新学期伊始，我便给自己设定了这样几个目标：

一、关注学困生的学习困境，结合学生自身的兴趣点，激发其对于求知、求学最初始的愿望。

二、向师傅偷师，向同组的老教师求助，将他们的经验化为己用。

三、严格要求自己，写好教育随笔，积累科研素材。

这几个目标的实现并不容易，但在开学以来的两个月内，却有了不小的进展。

突破·蜕变

"雪莹，我觉得你现在比原来会劝学生了。"这是在某一节课我抓住学生捡破烂挣零用钱一事引导学生重视学习后，同组的王迎靓老师对我说的话。

这是一个最初令我十分生气的小男孩，他的字迹写得难以辨认，他的学案上也永远空白，成绩也仅有选择题所得的30分，作文附赠的友情分15分。

我们真正的对话开始于一个放学前的最后一节课。

他的学案又一次空着，这一下子激怒了我，将他叫来办公室，"你怎么学的，课件上不是有吗？为什么还空着？"这样的质问已到嘴边，就在这时，我忽然想起校长的一句话"你们应该想一想是不是自己的工作出了问题，而不应该一味地埋怨学生"。

此时，我也转了话头，想起了几个月前的一个传闻——他组织几个同学在拆迁的废墟中捡钢筋卖钱。我顺势问道："你真这么干了吗？"他略带点尴尬地回答道："是。"

眼见他破防，我追问："你怎么知道捡钢筋能卖钱？"他说："我们之前捡过矿泉水瓶子，一下午捡了两袋子，卖了五块钱，后来我问老板，才知道钢筋最值钱，就去捡钢筋了。"这让我找到了突破点，我问他："你知不知道有一个方法能够让你直接就挣够零用钱？"这个问题一下子激发了他的兴趣，"怎么办？"

"直接去问老板，哪一样最值钱，直接去捡这一样不就可以了？"望着他如梦初醒的样子，我乘胜追击："这就像学习一样，我们如果一直靠自己想办法去解决不会的问题，就很难赶上别人的进度，长时间下去，自然就不再愿意学习了，如果你直接主动来问老师，是不是就极为快捷地获得了答案？"就这样，他开始主动来向我请教问题，课上自觉地记笔记。

也是这段经历，我才意识到学生其实是一个可塑的个体，很多时候，我们能否正确引导他们至关重要。

从那以后，我开始更关注我的学生，关注他们的学习，关注他们的心理。

理解·欣慰

"老师，你身体怎么样了？手术恢复得怎样？我假期里复习了地理、生物，还把语文背了。老师，谢谢您，感谢您初二上学期不厌其烦地开导我，我已经想明白了，新学期我要努力学习。"

开学前一晚，小张的微信留言勾起了我的思绪，是他，那个桌子总是脏兮兮的、脸上写满排斥的小男孩。

"今天的作业怎么又没交？""这已经是开学这几天来第三次迟到了，怎么回事儿？""书包怎么又放在桌子旁边？""怎么又随意离开座位？"

"我就这样！"面对他的反抗，我强压下心里的怒火，说了句："你先去教室外面等着。"

望着远去男孩那"倔强不屈"的身影，无奈和烦躁涌上我的心头。这真是一块难啃的"硬骨头"！我该如何打动他？在走出教室时，我在心中不断思索着。

之后，偶尔的一次谈话，让我茅塞顿开，原来是我的劝解和教育从一开始便错了方向，或许问题出在孩子的家庭。之后，我在同学间明察暗访、多番问询，小张的身世逐渐清晰。针对这种情况，我耐心地与其家长多次谈心，用真心换真心，尽管父母间矛盾重重，但都是爱自己孩子的，为了孩子的健康成长，终于"握手言和"。

自那以后，小张脸上的笑容多了，人也自信多了。今年，他成了课上的积极分子，满满的笔记、每每举起的双手，无不见证着他的成长。

回想刚踏进十中的那段时光，曾经的我丢失初心，浮于表面，对学生缺乏关注和理解，而现在的我经历了与学生最困难的磨合期，经历了自己最难度过的适应期，开始成为一个善于思考、关注学生的老师。

其实新教师最开始都是辛苦的、缺乏经验的，但这同时也是我们最大的优势，因为辛苦，我们能够看到最真实的自己；因为缺乏经验，我们有更多的成长空间，成熟的机会。我相信，历经洗礼与磨砺，我们都有了对自我清晰的认识和定位，能够坚定不移地走好每一步，让脚下的路走得更长，更远。

不忘初心，守望成长

胶州市第十七中学　张　琼

人生这只大手给你关上一道门，又会为你打开一扇窗。2018年夏天，我开启了人生的新阶段，从一名学生成为一名人民教师。说到入职时的初心，我并不能一口说出来，是父母的期望？还是这份工作的稳定性？可以说，"是中学教师选择了我，我并没有选择中学教师"。初心于我而言，是迷茫，是无措。

入职前两年，我在城里挂职，这两年于我是一次艰辛的磨砺。

第一次做班主任，我以为让家长和孩子都惧怕我，才是最好的。于是我的"严肃"十分有名。但事实真的是这样吗？班级表面上风平浪静，实则暗波汹涌。我前脚踏出教室，后脚就能收到老师们的抱怨和投诉："XXX上课就知道睡觉！""XXX上课老回头说话，快把他俩调开吧！""XXX提问啥都不会，作业也不写！"每当听到这些，我就怒火中烧——把违纪的叫到办公室批评斥责、写检讨；没写完作业的我拍照上传到班级群；对待学生的进步，我也很少表扬，总盯着差生的过错不放……每天这样的恶性循环，学生叫苦不迭，我也痛苦不堪，挣扎在工作和生活的夹缝中。我问自己，什么是我的初心？

在我入职的第二年，市里就换了新的语文教研员。新教研员特别注重对老师们阅读习惯的培养，经常推荐一些书让我们读，她还要求青年老师把阅读当作教学任务来完成。

我读的第一本是苏霍姆林斯基的《要相信孩子》。"有时教师尽量想通过直截了当的，似乎是最可靠的方法来改正学生的缺点，他们把孩子的弱点公诸于众，希望儿童自己以批判的态度评论自己的行为，'醒悟'过来，然后努力改正。但在绝大多数情况下，这种教育方法是最不成功的……"短短几行字，充满着作者的教育智慧，如同一盏明灯，为陷入迷途的我拨开了云雾。

初一结束后，兴许是暑假给了孩子们足够的时间"拉帮结派"，初二一开学，我发现班里的小男孩就自发"密谋"到了一起。比如课间，我留意到他们经常一起上完厕所后在教学楼外面长时间逗留，直到铃声结束，才慢慢悠悠地朝教室走去。作为班主任的我，立刻进行整改，但在几次办公室谈话也不见成效之后，我对那几个孩子产生了偏见：无论回答问题，还是作业批改，习惯性地认定他们已经不学习了。违反纪律，我也在课上直接点名，甚至将批评迁怒于全班。渐渐地，这几个孩子变成了班里的"典范"，是难于管教的"问题学生"。

束手无策之下，我多次找到孩子们的父母沟通交流，向老教师虚心请教。谈话中我发现，如果我多一点耐心，认真地去了解每个孩子的个性，去引领他们认识怎样做才是对的，去激起他们的自尊心，少一些当众的指责和批评，会让他们多一点自信。这也让我想起了苏霍姆林斯基的那句话：惩罚是一种敏感性极强、不无危险的教育手段，是一种"祸福莫测"的不可靠的手段。谅解对一个人在精神上的触动要比惩罚强烈得多。要让他认识自己的错误，比起揭穿他不诚实，说谎话，缺乏对集体工作的责任感要强一百倍。"作为教师，在教学中要多表扬少批评。"一名教师对待犯了错的孩子，必须要学会引导他们找到学习的信心。否则，"本无恶意的孩子式的淘气逐渐变成了严重的不良行为，孩子气的自由散漫逐渐变成了懒惰和游手好闲"。

阅读不仅为我拂去心灵浮躁的尘埃，同时也为我的教育教学工作指明了方向。从苏霍姆林斯基的《要相信孩子》到孔子的《论语》，从电子图书到报刊杂志到教育杂志，我参考书刊上的"治班锦囊"，借鉴他人的宝贵经验，反思自我，修正自我。阅读让我渐渐明白，教育是一门充满智慧的艺术，也是一场诗意的修行。

追溯过往，当老师的种子可能在小学时期就已经悄然种下。我真正的启蒙教师——刘老师，他人很好，书写好，声音好，有时念起书来声情并茂，感觉非常柔美。受刘老师的熏陶，我非常喜欢上语文课。我忘不了刘老师在我作文本上画的许许多多的红色波浪线，有时候，一篇作文几乎都画上了波浪线。现在当了老师才知道，并没有全篇的妙词佳句，有的是刘老师对我的期冀和鼓励。另一位，是我的初中语文老师，恰巧也姓刘。刘老师是一位四十多岁的中年女性，短发齐整利落，皮肤白皙。我至今记得，刘老师在课堂上那严肃的神情，细致而易懂的讲解。她擅长教给我们一些小口诀、小窍门来对知识点进行记忆，尤其是她对考点的把握非常精准，在众多学科中，语文书上的笔记是最条分缕析的，以至于我入职后很长一段时间，都遵循着刘老师的教学方法。感念师恩！她们温柔婉约，灿若繁星，以美丽和智慧引领我发现人生。

人生有的时候就是充满了戏剧性。从学生到老师，从台下到台上，这一切，来得措手不及。

初为人师，我更不知该如何去"当老师"。初上讲台的我是青涩的，从前辈们那里拷来课件，浏览几遍后，便开启"满堂灌"教学模式。课堂上，我有着很多青年教师的通病：语速过快、层次不清、师生缺乏交流、过于依赖PPT等等。课堂外，我也经常是忙了一阵子，却发现忙得毫无头绪，这种忙碌几近让我缴械投降。直到有一次，我回家和父亲吃饭时，他说："许多开始你不愿意做的事，坚持下来可能会有新的滋味。既然来了，那么就接受它。"从父亲那里，我得到些许安慰，暗下决心要做一名好老师。

想成为一名好老师，我深知自己要学习的东西太多太多。过去提倡老师要有一桶水，但现在，老师恐怕需要的不是一缸水、一池水，而应当是一条奔腾不息的河流！在学校提供的平台上，我开始看书，写随笔，观摩课例，写教育反思，不断完善自己，提升教育智慧。

四年的磨砺平淡而又忙碌，痛苦而又幸福。我虽然每天还是会被工作裹挟，但当看到学生充满阳光的笑脸、求知的眼神、埋头学习的身影，我都为他们的成长而欣慰，为自己的职业而自豪。是一次次节日时的惊喜，是一句句彬彬有礼的"老师好！"，是一处处细心而又及时的举动，当老师的快乐油然而生，我渐渐地喜欢上了教育，爱上了学校这方净土。尤其是这里的孩子们，和他们相依相伴，我的心灵也在不知不觉中得到净化。

入职第四个年头了，随着时间的推移，回想和孩子们在一起的点点滴滴，真正验证了那句"感情是需要培养的"，我的初心好像也慢慢清晰起来，变得越来越丰盈、坚定。四年中，我的半亩鱼塘里，一群又一群的鱼儿和我一同成长，灿然欢笑，焦躁苦闷，时光流沙书写着我们的泪水和幸福。《朗读者》上讲："初心或许是一种高远的意志，这个世界能否会变得最好，我要去试试。""初心或许是一种单纯的渴望，靠知识来改变命运，靠本事赢得荣誉。"

但我想，每一位教育者的初衷都是很朴实的，那就是让自己和孩子们健康快乐地成长。我想即使从现在开始，也算初心。

时至今日，我依然用心感悟着这份职业的美好。曾经填报师范类院校，是顺从父母的意愿，现在的我，则更多了份使命感。也许途中我会遇到很多困难和挫折，烦恼和忧愁，但我期待我能不畏挑战，以更加理想的状态化解教育教学中的不和谐，以更加宽容的心志去接纳学生。

三尺讲台三寸心，一支粉笔一生情

山东省青岛第三十九中　徐　静

光阴消长，白驹过隙，离开大学不觉已经七月有余了。在告别学生身份的这段日子里，我走上了三尺讲台，成了一名光荣的人民教师，实现了自己从少年时就一直追寻的理想。

我大学的班主任曾经赠我一本书，书名叫作《成人之美兮》。书里为读者呈现了一个新教师初入教师行业的迷茫与摸索，揭示了教育行业真实而残酷的一面。这本书略略击碎了我对教师这份职业的完美化想象，告诉我教师同样是人，同样是平凡而有七情六欲的人。我感谢这本书，也感谢我的大学班主任，他将我的理想从天堂拉入人间，让我切实地触摸到了它的边界。

真正走上讲台，真正承担起这份责任与义务，感觉又完全不同。每天往办公桌前一坐，就能够听到同事们的议论纷纷，关于备课，关于授课，关于班里出色或调皮捣蛋的孩子；关于家长里短，关于衣食住行，关于自己家里那个调皮捣蛋还想要爸爸妈妈多陪陪自己的小天使。然而闲暇总是短暂的，更多的时间里，大家还是专注于自己眼前的电脑、桌上的课本、手中的笔。即使在书里见到了或许存在的黑暗面，但就我个人而言，在我半年的短暂工作经历里，我见得更多的还是尽职尽责，勤勤恳恳，潜心耕耘。我想，这就是所谓的师德吧。即使时代浮躁，让我向往的太阳底下最光辉的职业，始终保留着它的光明和纯洁，拥有摄人心魄的魅力与吸引力。这是一种幸运，对自己的理想依旧让人向往而感到的幸运，对世间的希望与火种仍未熄灭而感到的幸运，对身边拥有持火炬的同行者而感到的幸运。

如果说身边的同事给了我一种作为教师的现实感与真实感，那么我的学生则给了我做教师的幸福感、责任感与使命感。当我第一次推开教室的门，第一次站上那一方讲台，第一次喊出"上课"和"同学们好"时，他们那充满纯真与好奇的目光就深深打动了我。这真的是一种奇妙的体验——他们会关注我的一举一动，会重视我的一言一行，他们的目光始终追寻着我，他们的行动会因我的行动而受到直接的影响。为此，我感到欢欣，感到激动，同时也感受到了沉甸甸的责任。我的每一句话、每一个字、每一个不经意的动作，都有可能影响一个孩子的心情，或者说，会在一个孩子心里留下深深的痕迹。我的肩膀上好像一下承载了众多孩童的未来与期待，它们在时刻提醒我：你是一位老师，必须要谨言慎行，修身养德，传道授业解惑。于是我也时刻告诫自己：永远不要停下前进的脚步，因为每多走一步，你所带领的孩子们也许就会有机会跟随你走向更高的平台、更好的未来。

肩负着这样的责任，承载着这样的希望，我始终不敢停下前进的脚步。对一名教师而言，讲好课是最重要的任务。为了实现讲好课的目标，我采取了诸多措施，努力做到"每天讲好一点点"。虽然在"好的语文课到底应该是什么样的"这个问题说法不一，是大家都在思索与琢磨的问题，但是我相信只要不断改进、不断探索，总会有所提升，总会逐渐接近那个暂无标准的"好"。

日常工作中，我抓紧一切机会提升自己。这一学期中，我常常听组里的老教师讲课，积极向老教师请教教学中遇到的问题，从他们多年的教育经验中汲取营养，不断修正自己教学中犯的诸多浅显的错误，不断反思自己的失误，寻找实现自我提升的道路。同时我也常常与新入职的同事互相听课，发现对方的问题并及时指出，共同探讨进步的方式，共同摸索什么才是"一节好课"应有的样子。除此之外，我也积极参加学校所在地市组织的新教师入职培训、语文教研、学校组织的教研集备等活动，还在线上收听了全国中小学生教育论坛的相关讲座，从多种渠道丰富自己的教学知识，增长自己的教学经验。本学期我共听课与学习各类讲座、培训等三十余次，极大提高了自身的教学能力。

除了博采众长、取长补短外，我也认真撰写教案，打磨自己的每一节课。课后，我会及时记录下自己的上课心得，做好课后反思工作。本学期我共撰写了二十余份教案，课后反思也以每周两到三次的频率进行。一月份学期末，我重新回顾自己本学期的教案，能够看出自己在备课思路上的进步：思路更加完整，逻辑更加顺畅，扩充的资料也与课文衔接得更加紧密。当然，虽然备了一个学期的课，在备课过程中我依然感受到些许滞涩，许多备课网站的应用、诸多课例案例的整合、各家文本解读的说法不一……可能因为刚接触工作，也可能因为文化积淀有所不足，对于网络中让人目不暇接的资料如何去辨别还是很难拿捏，自己给出相应的文本解读又总觉得不够权威，难以盖棺定论。或者说语文本身就不是一个能够盖棺定论的学科，它不仅有工具性，更有人文性作为其内核，我们追求的、学生渴望的，或许不是一个权威的解读，而是追求真理、"求甚解"的过程。类似这样的疑问和思考，其实还有很多。每一次翻看自己的教学反思，总能看到之前提出的问题放在那里，等待解决，但是或者因为忙，确切地说因为懒，没能得到及时的解决，成为一宗宗"悬案"。说来惭愧，作为老师，自己"不求甚解"，又怎么去要求学生举一反三、刨根问底呢？因此，对自己学问的提升、对自己问题的解答、对自己精神的升华迫在眉睫。

我所任职的山东省青岛第三十九中学，是一所以海洋教学为特色的普通高中，项目式教学更是特色中的特色。自我进入这所学校以来，就被告知：要做一名研究型的教师，要永远学习、永远进步。在学校青蓝工程之下，初登讲台的我们便带着前辈的经验、大学习得的知识、前沿的理论奋力前行，这也让我们迅速成长起来、成熟起来。在学校的鼎力支持下，相信我们这些教育舞台上的新鲜，一定能在学校这个健壮的躯体里畅快奔涌，展现蓬勃的生命力。

"三尺讲台三寸心，一支粉笔一生情"，这句我曾经写在自己高中日记本上、写在大学笔记本扉页上的话，我现在又将它写在了自己办公桌最醒目的地方。"为天地立心，为生民立命，为往圣继绝学，为万世开太平"，我愿尽我绵薄之力，做文化的传承者、传递者，陪伴更多孩子在传统文化的浸润中成长，此誓不违，此言不悔。

心有信仰　深耕不辍

青岛市晨星实验学校　李晓杰

　　有人说，选择了特殊教育就意味着选择了艰辛，选择了特殊儿童就意味着选择了牺牲与付出。提到特殊教育，大部分人都有一种不可言说的感觉，无法感同身受，没有共同话题，只有一句"你们特教老师真是太辛苦了"。在特教行业做特教老师是辛苦的，日复一日教特殊儿童生活自理、学科认知，有时需要一周才能教会他们洗手，甚至可能一个月才能教会他们叠衣服，这样的教学在特殊教育行业再正常不过了。当初选择成为一名特殊教育教师，其实也没有什么特别的想法，只是觉得如果能用我的专业知识帮助这些孩子，也是一份有意义的工作。

　　在特殊儿童中，还有一群最特别的孩子，他们虽然能看见世间万物，但不能理解含义；他们虽然能听见周围洋洋盈耳之声，却不能表达自己内心的想法；他们不能与人正常交流，更不能完全理解他人，而我们也很难走进他们丰富而敏感的内心世界，他们都有一个美丽却孤独的名字：星星的孩子。他们犹如遥远夜空中的一颗颗星星，孤独地散发着微弱的光芒，他们就是孤独症（自闭症）儿童，我每天面对的就是这样一群可爱而又让人怜爱的孩子。

　　今年是我从事孤独症教育行业的第二年，记得初入职时，面对这样的一群孩子我是充满期待又隐隐紧张的，提前阅读孤独症相关知识，增加自己的理论资源库，同时也在向学校的前辈老师请教，在学习的同时查看学生个人档案，以期对学生有更多的了解。自认为做足了功课的我，却在与孩子们相处的第一天就败下阵来。尽管我已经对孤独症儿童有了理论上的了解，但真正接触他们之后，我还是有一种无力感与无助感，学生不听指令、不吃饭、课堂上不能安坐等等问题，让我产生了深深的自我怀疑，我不仅有挫败感，还在质疑自己的能力，照顾这些特殊的孩子竟然如此困难，这远远超出了我当时的预想。

　　让我印象深刻的就是小轩同学，在阅读他的个人档案时我了解到，他是学校的"老生"，从学前就一直在学校接受康复指导，他的认知能力比其他孩子突出，生活自理方面也做得很好，不需要老师过多的帮助，但他的情绪问题却让人头痛，带过他的老师都对他的情绪问题束手无策，只能在一次次的"角逐"中探索解决方法。我也做好了十二分的心理准备，准备与他进行一次甚至几次的"较量"。那天他来到学校，我很热情地与他打招呼，他并不看我也不理我，我想这就是孤独症孩子，这样是正常的。但当我看到他可以与其他老师打招呼时，我的内心就泛起了波澜，原来他只是对我不理不睬。我没有放弃，主动走到他身边，与他讨论他的美工作品或酷炫的铅笔盒，以期能与他有更进一步的接触，当然他慢慢也很配合地回应我一两个问题。看到希望，我更有信心了，我准备拉着他的手一起走一走，这时意外发生了，他突然对我喊起来，并把自己的桌椅都推倒在地，发出巨大而刺耳的声音。我一下愣住了，不知道是为什么，刚刚他还在与我互动，怎么转眼间就发脾气了呢？我去安慰他，拍拍他的肩膀，问问他怎么了，结果却引起他更剧烈的喊叫。其他老师见状，让我先不要去碰他，让他先自己冷静下来。我看见他在其他老师的安抚下渐渐平静了，也不再发脾气，扶起自己的桌椅开始收拾书包。这是我第一次见到星儿发脾气，一开始真的吓我一跳，我不明白他发脾气的原因。从那天我都尽量不再与他有过多接触，他也没有再发脾气。送走学生以后，我自己开始反思，也许对于小轩来说，我是一个完全陌生的人，他并不想与我有互动，但他又明白我是老师，有些问题不得不回答，但我却没有注意到他的情绪起伏，反而为了让自己快速融入他们的世界，不顾孩子的感受强硬互动，让他感觉到不舒服，更觉得自己的世界被陌生人侵入了，可是孤独症儿童的核心障碍让他无法准确表达出来，所以他才用这种激烈的方式来抗议。这件事让我明白，不要试图以我认为正确的方式去与孤独症儿童互动，首先要考虑他们的感受。他们是不是喜欢我的加入，我更应该先在旁边慢慢观察，让他们先熟悉我这个陌生人的存在，然后再找到他们的兴趣点，加入他们的游戏，走进他们的世界。

　　班上还有一名叫小何的同学，他在我们班里算是能力稍弱的，无论是社交主动性还是生活自理方面，都需要老师的很多帮助。他平时在班级里非常乖巧，安安静静地坐在自己的座位上，不跑不闹也没有情绪和行为问题，老师在课堂上提问时也会偶尔回应，相比其他学生而言，实在是一个听话的孩子。可是开学一个月后，他的问题行为逐渐出现。首先是畏难情绪大，小何的认字水平较好，也能写很多汉字，但语文课的学习不只是认字、写字，还有组词、表达句子等方面，但这些恰恰是他的短板。随着课堂教学的逐步展开，难度也在不断升级，小何逐渐跟不上课堂进度，以前老师提问他还会回答，后来不仅不回答问题，还会在课堂上发出突然的尖叫，甚至大声哭泣，老师问他，他也回答不出不开心的原因。后来我观察了一段时间，发现他总在语文课学习组词时容易爆发情绪问题，又结合语文教学的学习内容，我得出他发脾气的原因是畏难，这些内容对他来说太难了，是他不熟悉的，老师提问时他不会，但又不能表达出"我不会"的想法，着急之下只能尖叫，以此来告诉老师"太难了"。对于他这种行为的解决方法，我尝试让老师提前把教学内容告知家长，让家长在家里先带他预习，让他对第二天上课内容有大致了解，这样第二天上课时不至于一无所知。这样进行了一段时间，小何在语文课上尖叫的行为逐渐减少，到二年级时，已经很少因为畏难而发脾气。小何的第二个问题是自理能力较差，我从家长那里了解到，小何从小家长代劳较多，很少让他独立完成某一项活动，无论是吃饭、穿衣还是收拾玩具等，都是家长来做，这就导致小何手部精细动作能力差，也不能进行基本的自理行为。针对这一问题，我首先进行观察，看看小何在生活自理方面哪些是可以独立完成的，有哪些是需要轻微帮助，哪些是完全需要老师来做的，列好各项观察项目；然后利用家访或是放学时间，与家长进行信息互通，我把所观察到的内容告诉家长，然后提议可以先来培养他独立完成任务的意识，在他能独立完成的事情上，家长可以大胆放手地让他自己去做，完成后要及时强化；然后在解决轻微帮助的项目上，逐步撤掉辅助让其能独立完成；最后再慢慢解决他完全不会的事情。这样既能增加小何的技能点，培养他独立完成的意识，更能让他体会到成就感，慢慢增加他的信心。

像这样的例子还有很多很多，每天面对星儿们层出不穷的状况，我从一开始的手忙脚乱到现在算是得心应手，学生出现情绪问题，先想一想前因，判断问题出现的可能原因，然后对症下药，来帮助学生走出情绪困境。

特殊教育从来不是理论知识就可以驾驭的，每一名特教人都应在工作伊始，明确自己的教育理念，找准自己的教育信仰，怀揣滚烫而热烈的理想信念，坚定自己内心的教育信条，对待学生尽心尽力、用爱陪伴，时间会付予我们最好的回报。

心中有信仰，脚下有力量。在这一年多的时间中，我从一名特教小白逐渐成长为现在可以独立处理问题的特教老师，这其中我经历过彷徨无知，体验过挫败迷茫，也曾在下班后情绪低落甚至崩溃大哭，但一想到孩子们那一张张天真可爱的脸庞，一双双纯净明亮的眼睛，他们每一天获得的进步与成长，我仿佛又充满了能量与干劲，接下来我将继续在我的教育岗位上，不断追求理想信念，不断实现自我价值，深耕不辍、发光发热。

启航，从现在开始

青岛旅游学校　栾晓慧

教师是什么？

曾经我简单地认为教师的职责就是教书，是知识的传递者。但当我真正融入之后，我发现教师的角色是多元化的，不仅是简单的传授知识，更多的任务是育人。

"起始于辛劳，收归于平淡。"教师这一行业是润物细无声的职业，它不会轰轰烈烈，不会惊天动地，但是在我们的生涯中将会以春风化雨的方式滋润每一位学生。我很高兴能够成为学生的引路人。

那么作为一名职业学校的教师，怎样帮助学生更好地树立德育思想是我首要考虑的问题。

初入课堂，我是迷茫的，这种迷茫源自于对一种教学环境的陌生感。我们常常认为职业学校的孩子们学习成绩各有差距，但是我们也要关注到，这群孩子在问题的思考上会有自己独特的看法。习惯了初高中那种强硬记忆的学习方式，在中职学校应该怎样进行教学呢？我曾幻想过如果学生吵闹怎么办？如果学生不学习该怎么办？但是当我踏上讲台的那一刻，在脑海中进行了反复排练的话语却没有进入正场。我听到学生问了我好多没有预想到的问题，比如在开学第一课上他们会问我亚特兰蒂斯是真实的吗？水晶之夜是什么？同时还会有好多同学积极地给他们解决疑问，他们思考问题的角度似乎比我丰富。那么当他们不以升学作为最终目标时，怎样让他们更好地关注现实、形成素养呢？

最初的课堂我还没有摆脱初高中的习惯，仿佛把所有的知识教授给学生是一节课最重要的任务。然而当一节节课过去后，我再次询问学生从中得到了什么体会，他们却得不到感情上的升华。我把这个烦恼告诉了师傅以及其他老教师，我才发现按照固有的思维是不可取的，为什么不能换一种方式，让学生通过各色内容自行感悟呢？

于是我开始转变思路，当我向学生讲授宋代灿烂的文化时，突然想到了2008年北京奥运会的开幕式上我们表演的令世界震惊的活字印刷，这是一个完美的素材。课上，我给学生们播放这一段视频，原本还有些许声音的班级仿佛突然按下静音键，伴随着画轴的铺陈他们慢慢进入氛围里，当看到一个个活字进行巧妙的排列时，我看到他们的眼睛中充满对这项技术的探究；伴随着解说，学生看到我们有关四大发明精彩绝伦的表演时，无不发出赞叹的声音。我意识到这个视频看对了！他们是十五六岁的少年，对于北京奥运会的记忆或许只保留了报刊课本中2008年北京申奥成功的字眼上，但是那场美轮美奂的盛典以及背后对中国人的深刻影响却是他们未曾了解的。看完视频，我向学生总结了课本的知识，通过视频告诉他们，中国人的智慧在古代发挥得淋漓尽致，中国人的智慧从古到今不断智慧发扬。学生深受视频的影响，纷纷向我表达他们的观后感，从中我能感受到，他们对古代的文化有了认可，对中国灿烂悠久的文明感到自豪。当然更令我震惊的是，每当我上课时，学生都会问："老师，我们什么时候能再看完整的开幕式呢？"新学期开始，步入讲台，我开口向学生询问："大家寒假有没有欣赏冬奥会开幕式典礼呢？"十分开心的是，学生们齐声回答看过了，他们非常高兴又很自豪地和我分享自己的观后感，和我分享在看到中国夺金时骄傲的情感，这群可爱的学生虽然没有拥有出众的文化课成绩，但是他们的家国精神却没有减少。我或许知道了该怎样帮助他们学习历史。

此后，当我进行授课的时候，总会找应景的视频素材帮助他们进行理解。当我讲授辛亥革命的时候，我又给学生们播放了《建党伟业》这一部电影。看到革命党人的努力与革命的辛酸时，他们会叹息、会感慨；看到革命取得胜利的时候有的同学也会拍手叫好。除此之外，学生开展课前演讲时总会贯彻家国情怀，通过他们的叙述，我感受到他们对祖国的情感更加饱满，同时对历史兴趣也慢慢增加了。或许他们掌握的知识仍然不足，但是在情感上，身为中国人的骄傲与自豪没有减少。通过一学期的交流我更加明白，对学生的教导上，素养与思想更加重要。

回想我的学生时代，似乎和老师有着遥远的距离。进入学校一学期，我发现，原来教师和学生也可以是开心的朋友。课前他们会用笑脸欢迎我进入教室，会跑来询问今天的上课内容，会和我分享他们在一天中的趣事。课后他们又会簇拥在讲台前，和我像朋友一样交谈。对我来说这是一种新鲜的师生关系，让我和他们的联系更近了。一学期过去，我也不再像最初那样认为这是繁琐、枯燥的工作，相反我会期待新一天的到来，新的一天又会有什么惊喜呢？这或许是成为教师以来我最大的变化吧。

教育的脚步永远在路上，作为新时代的教师，我们承担的任务更加重大。为人师表要以身作则，在细微处更加关注，在点滴行动中向学生传达新时代的精神。如果现在有人问起我的梦想是什么，我想我会说，我的梦想是成为一名好老师，一名能够在思想上给学生带来鼓励与帮助的老师。泰戈尔说："热情，这是鼓舞帆船的风。"我希望在未来的职业生涯中能够永葆热情、积极奋进，成为学生喜爱的好老师。

让每一朵花儿的美都被看见

平度市南京路小学　张　燕

　　要说我从什么时候开始梦想当一名老师，这可以追溯到小学时代。印象里最深的一件事是在一节语文课上，老师让我们巧记"箭"这个字，我回答的是"箭往前飞，飞到了竹子上，所以是一个竹字头加一个前面的前"。话音刚落，老师带头给我鼓起了掌，夸我是个记字专家，那是我的语文老师给我鼓励的开始，从那以后，我爱上了语文，也因此在心里种下了一颗小种子，以后也想做一名这样的老师，带给学生温暖和动力。从小学到初中、高中、大学，这颗种子在我的心里生根发芽，每每看到我的老师站在讲台上传授知识，每每听到他们对我的鼓励和关心，每每感受到他们传递的力量时，我都会在心里给这颗种子浇一次水，让这个梦想茁壮成长。

　　在填报高考志愿时，我毫不犹豫地选择了师范专业，想通过大学的锤炼，让梦想开花，而这段时光，确确实实在给我的梦想施肥筑基。一直以来我都梦想成为老师，因为我喜欢站在讲台上讲课，喜欢将知识传授给学生。直到在一次政治经济学的课堂上，我第一次从深层上思考成为一名教师的原因，不仅仅是授人知识，还要授人美德。这堂课老师讲经济危机的本质特征是生产过剩，而这种过剩在当今社会是相对过剩。简单来说，就是每天全世界浪费的粮食是以吨为单位计算的，而每天因饥饿而死亡的人数达几千人，这也是一种相对过剩，浪费在持续，也在愈演愈烈，如果有一天这种相对过剩消失，我们也就迎来了生产的高度繁荣。听到这些的时候，我特别心痛，但是感到无力，自己能做的太少了。这时候老师又讲，她自己吃饭时不会点过量的食物，都是吃多少拿多少，还为我们讲了她的故事，让我们感同身受。而当时在听这位老师直播课的学生有上千人，无形之中这种节约意识传递给了这么多人，如果像这种正能量的观念能够通过教育一点点传递下去，那将会产生巨大的影响。这节课无疑给我心底的种子施了肥，更加坚定了我的教师梦，我想将这种力量带给更多的人。

踏入工作岗位后，我没有忘记自己的初心，秉持着"让每一朵花儿的美都被看见"的原则，去欣赏每一位学生。几件小事，让我颇受感动，也更加坚定了做一名好老师的决心。

开学第一个月，受我老师的启发，为了拉近与学生之间的距离，让学生感受到老师的温暖，我根据学生的特点在每个学生的随堂练习本首页写了一段话，有的学生有点害羞，我就写"文静懂事的你，如春日的暖阳一样美好，老师期待看到你更多的精彩"；有的学生比较好动，我就写"课堂上你是最积极的孩子，举手的同学中总有你的身影，继续努力，你很棒！"当天晚上八点多，有一位小女孩的妈妈给我发了条微信，很长的一段话，向我表达感谢，她说看到孩子作业本后特别感动，以前孩子比较内向，很少受到表扬，孩子自己很沮丧，觉得长得不如别的小朋友好看，表现不如别的小朋友积极，有点自卑。这位妈妈说她自己也不擅长跟老师交流，怕老师没有时间回复，新学期换了新老师也没发消息问孩子情况，直到看到我给孩子的寄语后，想把心里的感动、温暖、开心全部都告诉我。她说第一次做妈妈，在照顾孩子上都是从头学起，我想说我也是第一次做老师，在教育学生上也是从头学起，都有个第一次，需要一起努力，家校共育。开学第一个月收到学生家长这样发自内心的感谢，那晚我的心也是暖暖的，更加充满了工作的动力，做老师，最幸福的瞬间莫过于是得到家长的信任和学生的喜欢了。

作业本寄语带给我的感动不止于此，在做了第一次随堂练习后，我将本子收上来批改，发现有一位小男孩将我写的话用红笔一个字一个字地描了边，描得一丝不苟。第二天发本子时我问他为什么描了边，他仰着头盯着我的眼睛说："老师，我喜欢你给我写的话，我怕它被抹掉了，想描上边。"当时我站在那里，感动得湿了眼角。二年级的学生，可以清楚地感受到老师给的爱，他们能够感受到老师的温度和用心。真正的教育，就是去点燃这样一把把火，让孩子们拥有抵达远方的勇气。

在后来的学习中，第一位小女孩上课举手的次数越来越多，她每次勇敢地站起来回答问题，我都会给予适当的夸赞和鼓励；第二位小男孩，主动跑进办公室让我出题给他做，我很惊喜，也很意外，惊喜的是他那么热爱数学的学习，意外的是二年级的孩子有主动要题做的想法。我在与这两位学生的家长交流的过程中发现，小女孩每天回家都愿意跟妈妈分享在学校的事情，不再是沮丧的状态，得到老师的表扬后回到家都是蹦蹦跳跳的；小男孩的妈妈则非常惊喜地告诉我，小男孩一年级时最喜欢语文，数学学起来有些吃力，自从上了二年级，每天都要多做点数学题，说起数学老师眼睛里都闪着光，在学校要题做是她万万没有想到的，她说老师的力量真的可以改变一个孩子。

通过这两件小事和这两位学生半年的变化，我也在成长。我逐渐懂得最好的教育不是训斥也不是灌输，而是源于内心的爱，这体现在教育的每一个细节中。初识一个学生，他可能并不优秀，甚至有点调皮，如果我们能够在他最需要的时候拉他一把，给他一点力量，发现他的美，他就会傲然绽放，带给我们意想不到的惊喜。用真心换真心，双向的奔赴才是教育最好的状态。

学高为师，身正为范。作为一名教师，我们始终要让自身保持良好的品德，老师对于学生的影响是非常大的。学生不仅会学习老师所教的学科知识，还会观察、模仿老师的为人处世、行动准则。因此我们作为教师要不断学习，提高道德修养，把正确的道德观传授给学生，给学生做一个好榜样。

此外，要做学生喜欢的教师，还得拥有扎实的基本功、过硬的教学能力、勤勉的教学态度。我们要做的是智慧型、民主型的教师，不断提升自己的专业素养，能够在学习、处世、生活方面给予学生帮助和指导。

陶行知老先生说教师就是要"捧着一颗心来，不带半颗草去"。我愿将我的所学奉献在讲台之上，用我的关爱温暖每一位学生，用我的热情教好每一堂课，用更多的时间去探索和感受，让我的每一位学生都能像花儿一样傲然绽放，让每一朵花儿的美都能被看到。

叩问学前之心，无悔亦无惧

青岛幼儿师范学校附属幼儿园　于　婧

　　我还记得四年前填报志愿专业时内心的坚定，面对家人的不解与劝导，我高高地昂起自己的头，告诉他们，我是未来的学前教育工作者。四年之后的我，在入职的第一年，就感受到无助、崩溃以及挫败。我经历过连续熬夜备课到两点的晕头转向，经历过身体不适时的咬牙坚持，也经历过无数次的心理建设在孩子面前不堪一击的窘迫，而让我依旧坚持的，只是每天早上的那一句"于老师好"，是他们扬起笑脸看向我的模样。我，爱我的职业，我甘愿化作教育的泥土，一年又一年，陪伴守护他们的每一个梦。

呵护每一个天使，从小班入园适应谈起

　　第一天来园，我低下身子，弯下腰，与每个幼儿进行亲切的交流，在这个过程中我发现了他的特别。他叫嘉嘉，在第一周的入园适应中，前两天他都是流着泪来的，并且很少与我交流，"你叫什么啊？你喜欢什么啊？告诉我好不好啊？"无论是多么温柔的话语，多么耐心的鼓励，孩子依旧一言不发，我从来不觉得孩子有问题，坚信这只是不适应幼儿园的初期表现，只要我们老师耐心引导一定可以的。

　　第一节是我的自我介绍课，我牵起他的小手，用只有我俩能听到的声音鼓励他说话，我看到他嘴巴微张，虽然很小，但就那一点，已然足够。我知道，孩子能听懂。在问问题的过程中，我发现，孩子虽然一句话不说，但是会在我牵他手的时候，给予我一点点力度，就这样，我知道，他只是害羞，他能听懂我的话，只是还不会回应。

　　同时，我与家长进行了细致的交流，告知了孩子在园表现，一定程度上给予鼓励，家长首先感谢老师的悉心观察，然后问了我一个问题，孩子能听懂话吗？我当即回应，孩子能听懂，只是还不会表达。

我给了他更多的关注，我发现孩子在吃饭的时候，说的最多的话就是"我不吃"。是的，孩子挑食。他只吃肉，不吃菜，一喂就吐。一开始，我发现喂饭不行，就再次与家长交流，询问孩子日常在家的饮食情况，包括孩子在家饮食情况如何，有没有挑食的表现，家里人都是如何做的。经过了解，我得知孩子存在比较严重的挑食问题，基本上只吃由妈妈做且自己认识的那些蔬菜，对于其他的孩子不去尝试。在得知基本情况之后，我们与家长就孩子饮食方面的表现进行了沟通。对孩子蔬菜一喂就吐的情况家长也基本了解，答应会配合老师在家里也引导孩子尝试尽量多吃蔬菜。

每天吃饭的时候，我都会来到他的身旁。孩子很坚持，不喜欢的坚决不吃，但是他说的话渐渐多了，观察得也很细致。我说，吃一点？他说不吃。我问，因为有蔬菜吗？他点点头。孩子有多厉害呢？我给他的米饭、肉里加一点点蔬菜都能被他发现。我摸摸头，跟他说，你也太厉害了吧！当然，他并未给我任何回应。但我依旧觉得，他是真的很厉害。

每次早晨的点名，一到他的名字，我一定会看向他，等待着他的那声"到"，每次上课，我的眼神也一定会望向他。我知道，他在看着我，只要慢慢等待，孩子一定会主动改变。在第三个周的早点名，久违的来自于嘉嘉的稍微小声的"到"，让我愣住了！其实我早已做好了长久奋斗的准备，但是他已然有了进步。经历5个月之后，我终于听到了孩子早上的那一句"老师好"。是的，5个月，终于等到了。

每个孩子都有自己的个体差异性，所以我们要做的就是相信孩子。他们是天使，不可能一蹴而就，我们不能着急，要慢慢引导，循序渐进，相信我们的努力，终有一天，会有成效，期待他能给我更多的惊喜。

爬山豆蔓看自己，在阅读中反思自身

如果有人问我，你工作的意义是什么？我想，高老师《爬上豆蔓看自己》书中的这段文字会给我答案——我所理解的教育应该是孩子能发现自己独特的地方（清醒认识自我、把握自我），并能将之发挥到极致，有能力寻找生活的

幸福，有能力品尝生活的酸甜苦辣，生活得自信快乐。

高老师是学前专业的专家，这本书对于现阶段的我来说是一个救赎，在书中我看到了很多自己的影子，我的无奈、我的崩溃与我的手足无措。这本书带给了我很多启示，原来一日生活中的工作可以那么浪漫而又有趣。我记得有一篇日记是写老师对待不同孩子的眼神，"面对内向的孩子我迎上去默默地去摸着他的头，用温和的眼神送他去活动；面对不爱倾听别人说话的孩子，有时我可能让他们等一会儿，然后假装惊讶的样子：'哎呀，你好哇！'；面对不遵守规则、大声说话不文明的孩子，我嘟起嘴巴，神情严肃又有点可爱地对他摇摇头"。常常想我们应该怎样爱孩子呢？我们要怎么才能让孩子知道，他们是被我们爱着的呢？也许就是这些微妙的动作和眼神吧！这些其实我们在日常中也会用到，对待不同的孩子运用不同的方法，但是我们只会应用却不会总结，教师的反思能力在我们身上不能体现。为了追随高老师的脚步，也为了提升自己，我给自己定下了目标，用一个笔记本随时记录自己觉得比较重要的事情，这些都会成为重要的教育点。

于是，我摒弃了"用嗓子来解决问题"的方式，我会轻轻走到某个小朋友的身边，握住他的手，只用眼睛看他，不一会儿他就知道自己行为的不妥，进而安静下来；在讲解绘本中，对于一部分吵闹一部分安静的小朋友，我会"只张嘴不说话"，孩子们会跟我说"老师听不见"，当他仔细观察就会发现，如果周围小朋友安静一点点，老师讲故事的声音就会大一点，孩子们发现这个规律之后，就会主动去跟说话的小朋友们说："安静一点可以吗？"在幼儿主动观察环境的过程中，教师既能实现教育目的又能达到教育效果。

因为爱所以坚持，成长就在旁观自己—反思自己、回忆自己—对比自己和孩子的过程中悄然进行着。当我写到这里，我能想到的依旧是我与孩子之间发生的一个又一个有趣的故事。我会为他们的幽默而感到无比珍惜，会沉醉于他们的每一个温暖的抱抱，当你牵起我的手时，当你无条件奔向我时，当你扬起笑脸看向我时，就印证着我选择学前教育这份职业的值得，现在的我无悔亦无惧。能有机会参与你们的人生第一步，我很荣幸，也许未来你不再记得我，但我会永远记得那个有着娃娃音、肉嘟嘟脸蛋和小手的每一个你！爱你们在每一天！

追寻心灵共振，让教育真实可感

青岛旅游学校　任　煜

1914年，在湖南省立第一师范本科八班的修身课上，杨昌济老师向同学们抛出了这样一个问题："你的理想是什么？"对众多同学的不同回答，杨昌济老师表达了赞许和期望，而本科八班的一名学生——毛泽东，也向杨昌济老师提出了同样的问题。

"自闭桃源称太古，欲栽大木柱长天。"杨昌济老师在黑板上写下了这样两句诗，并慨然说道："杨某平生，无为官之念，无发财之想。愿于诸君之中，得一二良才，栽得参天之大木，为我百年积弱之中华，撑起一片自立自强的天空。则吾愿足矣。"

1914年的中国积弱已久，却拥有着饱含坚定信仰的教师和学生。他们用尽毕生的智慧和鲜血，为中国谋求生存和发展之路。在今日的中国，一代代人传承着生生不息的共产主义理想，也践行着杨昌济先生高远的教育理念。

2021年9月，我的身份由一名学习古典文献专业的研究生转变为青岛旅游学校的语文教师，真正意义上的第一堂课和教师生涯也由此开始。在我的第一堂语文课上，为了拉近和同学们的距离，引起职业学校学生的学习兴趣，我给同学们讲《茶花女》、讲《追风筝的人》的故事，讲课文字里行间的美丽，希望同学们能够从优秀的文学作品和课文中发现有趣和有意义的人生，能够寻得学习语文的乐趣。在跟学生有一定的接触后，我慢慢发现，不同班级的学生情况完全不同，有的班级学生总人数较少，基础相对薄弱，缺少学习积极性，因此要以鼓励为主，充分调动学生的积极性，培养学生养成良好的学习习惯。有的班级部分学生课堂习惯不是很好，上课纪律较差，作业提交不太积极，因此要注重语文基础的查漏补缺和巩固，从最基础抓起，引导学生养成良好的学习习惯和积极的学习态度。有的班级班风比较正，课堂学习气氛较好，学生表现积极，因此既要严格要求学生，也要注意鼓励学生，激发学生的学习兴趣，同时注意夯实良好的学习基础。

在不断备课和上课的过程中，我慢慢体会到了分析学情的重要性。学情分析是进行针对教学的重要基础，学生的发展日新月异，班级中不同学生以及各个班级的情况又有所差别，所以做好及时的学情分析显得尤为重要。以我教的其中一个班为例，该班共34名学生，包括6名男生和28名女生，通过一学期的教学可以发现，该班学生在有学习兴趣的情况下更为积极主动，课堂效率也更高。但从学生的课堂表现可以看到，该班大部分学生的语文基础较为薄弱，对古诗文中的字形字音把握不准，对较长的文学类文本有畏难情绪，对实用性文本兴趣不高；少数同学有较强的学习语文的兴趣，热衷于阅读课外的文学作品，语文素养较高，因此造成了课堂上的两极分化现象。所以，在制定教学目标时，既要充分考虑提升大部分学生的语文基础，也要关注基础较好的学生的个性化发展，在夯实全体学生基本知识储备的基础上，逐步引导学生把握课文的内容和情感，进而提升自己的审美能力和思想文化修养。

在新教师的成长阶段，上好每一堂课是新教师的职责所在。为此，分析课程标准、分析教材、分析学生都是新教师必须着力之处。在实际教学中，我会多次重温课程标准，结合学生掌握的实际情况对教材进行分析与处理加工。以课文《致橡树》为例，我在教学时指导学生正确且有感情地朗诵诗歌，让学生在理解诗歌内容的基础上明白什么是真正的爱情，用革命伉俪如毛泽东、杨开慧，蔡和森、向警予，瞿秋白、杨之华等例子，让学生能够切实感悟到独立、平等的爱情的滋味，也让学生联系实际抒发自己的感悟。面对更加丰富的教材以及多变的学生，每一堂课我都试图让学生有所收获，期望能引起他们的共鸣。

把握学情、深研课标、分析教材是新教师上好每堂课的必要准备。但对中职学校的学生而言，如何维护课堂教学秩序也是新教师必须面对的一大问题。通过一学期的教学可以看到，各个班级的学习习惯差别很大，学生各具特色，课堂上的表现也不尽相同。有的班级大部分学生有着积极认真的学习态度，课堂表现较为活跃，另外一少部分也能配合好老师完成课堂教学。有的班级学习积极性不高且课堂秩序容易混乱，少部分学生在课堂上有不遵守秩序、随意说话的问题。对于这种现象，新教师应该在课堂上及时树立威严，密切关注这类学生，以免造成课堂秩序的混乱。

作为一名刚入职的新教师，教学经验的缺乏让我在面对学生的多种问题时难免力不从心。但就像苏霍姆林斯基在《给教师的一百封信》中曾说到的："每一个人（他的一生的命运就在我的面前发展着），都是一个独一无二的个人的世界。"

传道、授业、解惑固然重要，但我认为更重要的应该是追寻与学生之间的心灵共振，发现每个孩子身上的闪光点，陪伴他们在成长道路上不断进步、克服困难，进而在这一过程中学到不同的知识，成为一个精神健康且有终身学习信念的大写的人。当进入我们的实际教学后，正如苏联著名教育家、心理学家赞可夫曾说的那样："教学法一旦能触及学生的情绪和意志领域，触及学生的精神需要，这种教学法就能发挥高度有效的作用。"面对具有不同个性的学生，教师不仅要教会学生学习，更要给学生充分的关注和尊重，强调过程，强调体验，强调学生的思维和创造性，强调师生的平等交流和评价中的正面激励，在课堂教学中培养学生的学习能力和审美能力，让学生体验积极的情感，树立端正的态度，激发学生的学习兴趣，进而引导学生形成正确的价值观、人生观、世界观和职业观。

百年时光匆匆而逝，不论是1914年的中国还是而今的中国，都总有那么一群人在为教育事业砥砺奋进，总有那么一群人在追溯永恒的真理，总有那么一群人在静待花开。在无数颗心灵的碰撞中，教育的火花经久不息，终将更加真实可感，更加灿烂有力，汇聚成最耀眼的光芒。

守初心，担使命，无边瀚海育桃李

莱西市院上镇武备小学　于　静

　　人生是一艘船，乘风破浪才能抵达理想的彼岸。而我，作为一名驾驶者，2015年，我从武备小学——一所有着近百年历史的普普通通的乡村小学启航了。七年的时间，我迷茫、彷徨、无助过，但现在却深深爱上了这片热土。我为成为这里的一名教师而感到无比自豪。我的人生价值在这里得以充分地体现。

　　我至今还清楚地记得，七年前第一次走进这所散发着浓浓乡土气息的校园，一群活泼可爱的孩子第一次向我问候"老师好"时，那份欣喜和自豪感油然而生。当时我就告诉自己一定要成为一名让孩子们喜欢的优秀老师。

　　工作这几年来，我也时时刻刻牢记自己的这句话。教学之初，因为学校极度缺乏英语老师，学校多方面考虑让我教三年级英语，我毫不犹豫地接下了这个工作。但我深知自己英语水平的欠缺，于是我自己报班，每天利用下班课余时间坚持网上学习英语专业知识，经常请教我身边英语专业的优秀同学来矫正自己的英语发音。同时，工作中不断向老教师请教有关的英语专业知识，提高自己的英语教学水平。慢慢的，我的英语专业能力得到很大的提升，也取得了一些成绩。在英语优质课比赛中，我先后取得了莱西市二等奖一次，青岛市二等奖两次，并于2019年获得了山东省优质课比赛一等奖。我得到了学校领导和同事的认可，教育教学成绩不断提高，连续几年考核都获得学校优秀等次。

　　在工作的过程中，我越来越感受到自己在教育管理方面的不足。于是，我决定再次提升自己，报考了公共管理专业的研究生。几经周折，我在同事和家人的鼓励支持下，收获满满。

　　以前工作中我最头疼的问题就是孩子对学习没有兴趣，个别孩子的心理出现问题，进而出现厌学现象。随着单亲家庭和留守儿童的增多，近年来，这种厌学现象不断增加。我开始思考把自己所学的专业知识运用到工作中，解决这棘手的问题。

首先，我加大备课力度，更深层次地把握课本后，更加注重课堂的趣味性。平时充分备课，利用更多的多媒体技术，让每一节课都充满趣味性，让孩子们在轻松愉快的氛围中主动探索知识，发挥孩子们的主体地位。为此，我还把自己欠缺的很多计算机知识自学了一下。在我的课堂中经常能听到孩子们天真的笑声，每次这种充满笑声的高效率课堂都使我和学生倍感愉悦，动力十足。我记得最让我动容的是一位家长发信息告诉我，说孩子回家总是谈起我，喜欢这个特别幽默的老师，因为喜欢我而喜欢上了我教的学科。孩子每天对上学不那么厌烦了。

其次，我和孩子们做朋友，经常与他们交流沟通。通过交流知道他们的问题所在，才能对症下药，才有效果。我经常说，课上我们是师生关系，课下我就是你们的大姐姐。有什么问题或者心里过不去的事情都可以告诉我，我可以帮你想办法。我觉得自己考上研究生又当回了学生，真的是拉近了我和孩子们的距离。我们有更多可以聊的话题，他们对我的大学生活和研究生课程还都挺感兴趣的。通过我和孩子们不经意的聊天，我能知道他们内心深处真实的想法。有时候大人习以为常的事情，却是小孩子很纠结的问题。我们班有一个孩子不愿意上学的原因就是不愿意做作业。这个孩子数学基础很差，别人做作业只需要十分钟，她却需要半个小时。针对这种情况，我每天有针对性地单独布置她的作业，增强她作业的趣味性。还有一个孩子，她是单亲家庭，后来妈妈再嫁直接把她扔给了姥姥不管不顾，导致这个孩子极度缺少家庭的温暖。有一段时间，她经常逃学。在我们多次找她妈妈做思想工作无果的情况下，我找了一个合适的时间和这个孩子心平气和地聊了聊。原来她逃学的原因是她觉得全班的人都不喜欢她。后期，我经常直接向她表达我喜欢她，如果我也有她这样的闺女就好了。我知道这样的孩子缺少关爱，极度自卑。所以我经常在课堂上夸奖她，鼓励她，多发现她身上的闪光点。课下我也买一些她喜欢的发卡之类的奖品，在发现她表现特别棒的时候奖励她。慢慢的，她脸上的笑容也多了起来，同学们也能很好地接纳她，她再也没有逃学的情况了。每个孩子都是独立存在的个体，都有他们自己的闪光点，要善于发现他们身上的美。

工作中让我觉得棘手还有后进生转化的问题。每年接手的孩子中总会有那么几个孩子属于后进生，整天和我斗智斗勇，不论我使多大的劲，就是没改变。以前我是真的没办法，感觉很头疼。后来，我就这个问题查阅了很多资料，在实战中总结了几点有效的办法。我觉得对于这些后进生首先最重要的是一定不能放弃他们，你得让他们感觉到你喜欢他们，你相信他们一定会变得更好。孩子们能从心里感受到你对他们的喜欢，慢慢地也会喜欢上你。其次，绝对不能拿他们跟别人比，要和他们自己比，今天和昨天比。这些孩子一般基础差，学习积极性很差，所以，要善于发现他们的闪光点，他们每天一小点的进步，你都得看在眼里，并且及时、大声地表扬他。这样可以让他们重拾信心。最后，需要和孩子心平静和地制定好他能接受的规则，并按照约定的规则执行。但并不是说不允许孩子犯错，后进生本身自控能力差，犯错很正常，反复也很正常，要用包容的心态去看待这个问题。及时指出问题的同时，关键是看到他的进步。

"师者，所以传道受业解惑也。"之前一直对这句话似懂非懂，经过这几年在教师工作岗位上的磨练，我对这句话有了更深的理解。教师不仅仅是授业，更重要的是传道和解惑。"长风破浪会有时，直挂云帆济沧海。"我将在教育的海洋中乘风破浪，扬帆起航！

不一样的爱给不一样的你

山东省青岛第四十九中学　张新华

　　"唉，怎么又要写日记呀，每天过得都一样，有什么好记的……"当年的我坐在教室的后排，听着老师谈论写日记的好处，忍不住小声嘟囔着。那时候的我还不懂得中考到底意味着什么，每天只沉浸在自己的小天地里，畅想着初中毕业以后的"自由自在"。或许是我写日记太过随意，引起了语文老师的注意，于是我在我的日记本中收到了一份特殊的"礼物"——一张书香气味浓郁的书签，上书"古今立大事者，不惟有超世之才，亦必有坚忍不拔之志"，老师娟秀的字体在我凌乱的日记的衬托下，尤为耀眼，让我竟有些不敢直视。我有些心慌地合上日记本，既怕让别人看到我的窘迫，又怕他们对这一份"礼物"说三道四。直到放学，我才敢拿出来，肆无忌惮地看，一会看看老师给我写的评语，一会摸摸书签，突然感受到了老师对我的关心和在意，感受到了老师对我的期盼和肯定，有一种醍醐灌顶的畅快感流淌到全身，于是，心底有一个小小的声音在呐喊：将来我也要当老师。

　　梦想与现实的差距不是三天五天的学习就能弥补的，每当我想要放弃的时候，我就拿出书签来看一看，就为了证明自己"亦必有坚忍不拔之志"。现在回想起来，仍觉得心潮澎湃。一张小小的书签，唤醒了我内心的原动力，驱使我不断上进，让我整个人生有了不一样的轨迹。感恩我当年的语文老师，给了我不一样的爱，让我的信念之火熊熊燃烧。

　　现如今，我也踏上了自己的教师征程，推己及人，我愿意像我的语文老师一样成为学生指路的明灯，成为学生心灵的导师。犹记得去年，我刚刚踏上工作岗位，第一次在6班上课时，为了更全面地认识他们，我提问了班内所有的孩子，当提问到一个女同学时，她站起来，不说话，我以为她没有听清楚，又复述了一遍问题。这是一个很简单的问题，但她仍然沉默。然后班里有的孩子就跟我说："老师，她就是这样，从来不回答问题，什么课她都不回答问题，你让她站着就行。"面对同学们的议论，她表现很平淡、毫不在意，我想她可能已经习以为常了，我没有强求她反而让她坐下了，这时她诧异地抬头看了我一眼，我用手势示意她坐下。下课后我先去找她的班主任了解情况，在班主任的描述下，得知这个姑娘性格很腼腆，从来不回答问题，学习中等。中午的时候，我悄悄地找到她，和她坐在一起聊了一会。聊天过程中她表现得很好，积极回答我的问题，我借势问她为什么上课就不能回答问题呢，瞬间气氛又冷了。我耐心地等待，过了一会她小声地说是小学上课回答问题导致的，然后眼圈发红地问："老师，具体原因能不说了吗？"她能跟我说这么多，我觉得很欣慰，于是跟她约法三章，课上我可以不提问她问题，但是每次做完题要举手示意我，我们两个达成共识。上课只要是反馈练习，她都很快地完成并举手。最后期末考试的时候，物理成绩是稳稳的优秀，这令我大吃一惊。后来我问她："为什么能把物理学好？"，她说："因为你让我坐下了。"听到这句话，我沉默很久。她就从这么毫不起眼的事情中感受到我的关爱，端正了学习态度。由此，我也在反思：初中的学生是一群正在成长的孩子，他们渴求关心、渴求尊重，有着一颗非常敏感的心。作为教师，我们要从学生的角度出发，理解他们想要的关心和尊重，抓住稍纵即逝的教育时机，从纷纭复杂的教学生活当中，点燃其心灵的火花，释放他们的内驱力。

学校生活中，教育不仅仅只在课堂，教育也不仅仅只在教学，还在于对学生未来的影响。一个微笑、一句表扬、一个温柔的鼓励、一点关怀，这些看似不起眼的关心，却能对学生产生深远的影响。我们要善于在琐碎的日常生活中给予学生想要的关心，将不同的爱给不同的学生，让他们遵从内心的意愿，在未来的生活中乘风逐浪，脚下有根，心中有爱。

我梦想中的样子

山东省青岛莱西市香港路小学　展慧珠

灯光悠然，茶香袅袅，伴着书香满屋，批改着孩子的作业，曾经无数次的梦想在此刻成为了现实，启航，从这里开始……

遥想曾经，身着校服，在课桌上凝望着近在咫尺的讲台，看着老师的微笑，听着老师的叮咛，梦想便由此诞生。

那时候的我虽然还是学生，但却经常去模仿老师的样子，给同学讲题也变成了我最热衷的事情。那时候我经常幻想，什么时候也能站在那三尺讲台上，把自己的青春和热血投入教育事业，陪伴孩子走上一段成功的路途，那一定是我这一生值得骄傲的事。

还记得刚刚毕业时参加教师考录的时候，家人们问过我无数次："真的想好了？为人师真不是容易的事，如果真的选择了，就要用自己的全部教书育人，误人子弟的事咱家可不能干。"我沉思良久，下定决心，坚定地点点头。虽未曾言语，但无数的誓言在我心中回荡，我要加入老师的队伍，为了我的热爱……

时光终不负我，现在的我终于成了我梦想中的样子。小小的讲台承载了我全部的心血，看着讲台下他们那稚嫩的容颜，微笑总是不自觉地漾上我的脸。孩子们说："老师，您笑起来真好看。"那是当然，因为在我的笑容中饱含的是对孩子未来的期待，映出的是每一个孩子纯真的脸。

有人说老师这一职业不太容易，劳心劳力。我定义的老师是陪伴，是基石。如果为了金钱不要选择老师，为了出名更不应该选择老师，老师开心的一刻也永远不是出名赚钱，那是一张张小脸在自己的陪伴下长大，通过自己的努力让他们明白做人、做事的道理，收获未来他们赖以生存的知识。这种使命感、荣誉感才是每一名老师所真正追求的。

小时候常说"我们是花朵，老师是园丁"。确实是，孩子们承载着祖国的希望和未来。老师身上的重担更加沉重。"十年树木，百年树人"不是空话，教给孩子知识的同时让孩子明事理。

现在我站在讲台上，虽然才短短的几个月，但老师的荣誉感和使命感却让我真正融入了这个身份。每一次的讲解，每一次的批改，每一次的鼓励都让我心潮澎湃。看着他们犯错误时委屈的眼神，我会去宽慰开解；听着他们偶尔的成功，我会和他们分享喜悦。他们在成长，我何尝不是呢？

小小的心灵，承载着大大的梦想。在我看来，每一个孩子都是落入凡间的天使，他们单纯却不呆板，顽皮却又有坚持。作为老师无法给他们太多成功的经验，但我却可以告诉他们太多失败的缘由。我相信，他们终有一天会飞向独属于他们的蓝天。等到那天到来，作为他曾经的老师，我相信我会无比自豪和骄傲。

在学校中有很多老前辈，他们兢兢业业，为教育事业奉献了自己的所有。哪怕一次的闲聊都能让我受益匪浅。我的一位前辈经常说："教人先教己。"我也把这句话当成了我的座右铭。确实，作为老师，树德、守心是根本，专业提升是本职。在平时的教学中，随着时间的流逝，初生牛犊不怕虎的劲头慢慢地消退，随之而来的是对自己能力的清醒认识。老教师的经验是我们最缺少的，这也是很难在短时间能弥补的，但我相信我会和孩子们一起成长。

每天走进校门，品着浓浓的书卷气，感受着浓浓的青春气息，享受着安宁的时刻。孩子们用稚嫩的声音喊出的"老师好"，这是世界上最动听的声音，纯真而美好。我拿起备课本，轻轻推开门，高亢地宣讲，低声地沉吟，带着孩子们在书海中畅游，与孩子们共同沉浸其中。上课铃声是期待，下课铃声是不舍，这便是我真切的感受，也是我对于未来的坚守。

通过这几个月的实践以及老前辈的言传身教，我也总结了自己的一些工作心得，对于三年级的孩子来说，此时正是各个科目的转折点。对于知识的掌握是一方面，最初还是要引起孩子的各种兴趣，现在的孩子意识形态发育较早，单纯的讲、说、背、写已经无法满足孩子的授课需要了。一些新颖的方式应该融入授课之中。比如，利用多媒体做课件，利用电影讲授新奇的知识。忘不了，带着孩子们躺在操场的草坪上望着蓝天，诵读弟子规的场景，他们的眼睛里充满对新模式的好奇，对知识的渴望。忘不了，带着孩子们在树林中穿梭的场景，"老师，原来新出的嫩芽不是绿色的……"那种自己独有的发现，那种胜利的惊呼才是他们最渴望的真实的声音。忘不了，让孩子自己当老师，准备第二天的课的场景，他们充分的准备，对于课程独特的把握，远远超出了我的想象，也打消了我所有的顾虑。一方面他们体会到了当老师的感觉，增强了自信心；另一方面他们有了更多的期待和学习的动力。也通过他们的授课，发现了最懂孩子的是孩子，他们有着他们独特的语言。我在教授他们的同时也从他们身上学到了太多的东西。

手机是现在教学的一大杀手，是现在家庭教育中逃避不了的问题。家长整天手机不离身，孩子必然关注，甚至感受到了不公平。这成了很多家庭的矛盾所在。为了解决这种问题，我也做了很多的探索。我曾尝试过让孩子控制时间，在完成自己的学习任务以后可以正常使用，这也是很多家庭常用的方法，后来发现这个方法根本不可行。孩子只要有动手机的时间，便摆脱不了对它的依赖。手机中充斥着很多家长无法掌控的东西，也让孩子过早地接触了他们不该接受的信息，这完全不对。作为成年人，我们绝大多数都无法摆脱手机，更何况正处在贪玩好动年纪的孩子们。我做了一点尝试，和孩子们在自习课上谈些历史，讲些神话，启发孩子的兴趣，并且，我在班级里也倡导孩子们编故事、讲故事，培养孩子的读书兴趣，偶尔我们还会做一些手工作业，不让家长参与，全凭孩子自己想象。手工作业既让孩子放松了大脑，又让孩子做了很多的尝试。比如，我们曾经提议设计一款新能源的车。有一个孩子竟然想到了利用磁铁的斥力，他发现同极相斥后，设想让两块磁铁一直保持相斥的状态便可以产生推力。虽然我学过的知识告诉我这无法实现，但我没有直接阻止，而是找来泡沫和磁铁，同全班的同学一起完成了这个模型，虽然最终实验失败，但孩子们在总结中写的诸多感想让我很是惊喜。我把这个经验分享给了很多家长，孩子的灵机一动，不应该去阻止，或者用理论直接推翻，和孩子一起动手去实践才是最好的方法。当孩子爱上动手之后，手机也必然不再是他的牵绊。

当然，在教学中还有很多的问题，也会有很多的挑战，作为一名刚刚入职的小学老师，我相信我有充足的精力去迎接挑战。

不要把教师当成职业，它可不是一个简单的工作。它承载的是孩子们的梦想，承载的是国家的希望。当站在三尺讲台的时候，收起所有的情绪，将自己最快乐的一面展现给孩子们，让这些祖国的花朵变得更加娇艳、更加茁壮。

　　期待着，期待着……我能和这些可爱的天使，为了未来的目标共同努力，让梦想，从这里启航。

教育智慧

教育是一门艺术

许多人说，教育是一门科学。我觉得，教育更是一门艺术。教育的对象是人，千人千面，教育过程中的每一堂课，对待每一个儿童，都需要不断创造。

教育是一门教师与学生沟通的艺术。教师作为执教者，他的一言一行无时无刻不在起着榜样的作用。教师的身体语言、教师的态度、教师的精神与激情、教师的微笑倾听、教师的触摸等等，都会影响学生的言行。教师与学生之间的某种心有灵犀称之为"场能效应"，它存在于教学的各个环节，教师释放场能的方式也多种多样，你可以用语言、声音的高低、快慢、轻重、顿挫对学生产生不同的影响。这种场能并不是教师魅力的单向释放，它理应包含学生对教师的尊重、对知识的渴求，对真理的追求、对人间一切美好事物的向往。它的全过程是柔和的、自然的、润泽的、互动的。

教育孩子不应统一模式，要因材施教，告诉孩子，成功不在于角色的大小。让孩子优秀的关键在哪？在于让孩子学会跟自己比赛，让孩子以他自己的速度成长。

论新课程视角下小学英语后进生的转化

青岛市城阳区城阳街道后桃林小学　赵梦霏

在新课程视角下，要求小学英语课程需要面向全体学生，注意尊重学生的个体差异，关注学生的整体发展，对于后进生也不例外。为此，英语教师有必要提高对后进生转化工作的认识程度，针对后进生采取有效的教学措施等，以便帮助后进生树立自信心，培养学习英语的兴趣，养成良好的习惯，满足素质教育的需要，履行教师应尽的责任与义务。

一、小学英语后进生产生的原因

在小学英语教学中，往往会存在后进生。学校与教师有责任进行正确引导与教导，使得每一个学生个体都能得到尊重，促使他们能够健康和谐发展。就后进生的形成原因而言，主要包含以下几点：1）家庭原因。家庭环境对学生的成长有着重要影响。如果家庭环境氛围不佳，或者家庭教育观不科学等，都会影响学生的身心健康，甚至容易激发学生的逆反心理。2）个人原因。部分学生缺乏学习动力，存在意志薄弱、自制力差、网瘾等情况，久而久之，容易导致恶性循环，成为后进生。3）学校原因。由于学校风气不良、负面评定、侮辱人格、教师冷漠等因素的影响，使得学生的心理受到重大影响，容易产生心理疾病，甚至走上极端道路等。4）社会原因。社会上的不良音像制品、网咖、酒吧等都易吸引小学生，小学生受到社会不良环境的影响，容易思想出现偏颇，染上不良习惯，甚至是非不分。针对这些后进生，小学英语教师需要保持不抛弃不放弃的态度，充分挖掘不同学生的闪光点，引导他们向着更好的方向进行转变与发展，从而调动后进生的学习积极性，成为更好的自己。

二、新课程视角下小学英语后进生的转化策略

1. 抓好情感教育

在小学英语教育中，除了注重知识与技能、过程与方法外，英语教师必须提高对态度和价值观的重视程度。首先，小学英语教师需要掌握后进生的年龄特点与心理特点等，通过采取以情育情等方式，进一步感化、激励他们，使得他们能够增加求知欲，具备良好的上进精神，进而重塑自信与自尊，积极主动地参与课堂活动。其次，小学英语教师还要懂得尊重后进生，成为后进生的朋友，关注他们的学习与生活，倾听他们的烦恼，从而加强师生情感的沟通，拉近师生之间的距离，确保后进生心理健康，减少后进生产生逆反心理的现象。最后，在情感教育方式上，尽量以表扬为主、批评为辅，通过大力的表扬与适度的批评，促使他们提高思想认识，端正态度，进而改正自身行为，更好地助力他们健康成长。

2. 重视家校联合

新课程视角下，家校合作共育成为各方关注的焦点。通过家校合作共育，不仅仅能够共享家校资源，还能加强家校互动，方便教师与家长随时了解学生的情况，更利于后进生的转化。因此，有关小学英语教师需要重视家校联合，以此实现后进生的转化。首先，教师需要时常与后进生家长保持联系，通过互相沟通与交流等，加深了解后进生在家与学校的表现情况，从而发挥共同育人的作用。其次，教师可以通过家校互动机制，让家长监督后进生的英语学习，例如，听写、背书、做作业等，有助于提高后进生的成绩。最后，教师还可以针对后进生进行家访，了解后进生的家庭情况与家庭氛围，并向家长提出建议，确保家校步调一致，实现后进生的转化。

3. 加强学法指导

（1）注重因材施教

在后进生转化过程中，小学英语教师需要注重因材施教，主要结合不同学生的思维特点等进行指导，教会他们学习英语的方法，增强后进生的学习效果。例如，小学英语外研版六年级下册（一年级起点）Module 2 Unit 1《When are we going to eat？》一课中，教师结合学生思维特点与个人学习情况采取因

材施教办法：一方面，对于普通学生主要采取跟读、默读等方式熟悉课文；另一方面，对于后进生，则先借助卡片教授单词，结合音标自然拼读法与联想法等，促使后进生理解和认读"later/go to /duck pond、cloud、dry/like /look like/ stay"等课文生词，并回顾复习be going to句型等，更利于后进生快速理解掌握课文内容，帮助他们找到适合自己的学习方法。

（2）打造轻松活泼课堂

为实现后进生的转化，小学英语教师需要重视轻松活泼课堂的打造，以便构建良好的学习氛围，帮助后进生释放压力，真正融入课堂。例如，小学英语外研版六年级上册（一年级起点）Module 3 Unit 2 《Collecting stamps is my hobby》一课中，教师用幽默的语言导入课堂，而后将学生分组，在小组朗读过程中，教师亲自帮助后进生纠正读音，并亲切地询问他们的爱好是什么。有的学生回答踢球，有的学生回答听音乐，最终课堂气氛有所活跃，后进生身心放松后更愿意融入课堂，师生之间、学生之间的距离也有所拉近。

（3）创设游戏教学情境

为调动后进生的学习积极性，教师可以通过创设游戏教学情境的方式，激发学生的学习兴趣，促使后进生能够在学习中感受到快乐。例如，小学英语外研版六年级下册（一年级起点）Module 1 Unit 1《 I want a hot dog，please》一课中，教师创设游戏教学情景，让后进生们四人一组进行角色扮演，分别扮演课文中的Cashier、Simon、Daming、Simon's dad四个人物角色，按照课文的餐饮场景进行对话问答，同时，后进生可以进行适当发挥，使得语言教材生动化，最终后进生们都有所收获，并在课堂上收获快乐。

（4）创新技术教学手段

除了采取以上教学方式外，小学英语教师还可以加强先进技术手段的应用，通过小视频技术、投影技术等，吸引后进生的注意力，有效开展小学英语课堂教学，增加后进生的理解力与知识学习能力。例如，小学英语外研版六年级上册（一年级起点）Module 7 Unit 1《Pandas love bamboo》一课教学中，教师为了增强课堂的吸引力，选择采取多媒体教学方式，先制作一段熊猫吃竹子的flash短片，并配上滑稽的音乐和音效，在课堂播放过程中，后进生门听得哈哈大笑，目光被视频所吸引，同时也加深了对于课文知识的理解，更有利于满足英语教学的需要，达到新课标的教学标准。

三、结语

伴随小学教育事业的快速发展，学校与教师愈加重视后进生的转化，这关系着新课程教学目标的落实，对于学生的成长与未来发展也具有深远影响。作为小学教学科目之一，英语课堂中的后进生较多，部分学生刚刚开始接触英语，缺乏对学习英语的兴趣，英语学习效率较低，成绩较为落后。为进一步实现小学英语后进生的转化，英语教师需要积极转变观念，做到一视同仁，同时还要重点加强学法指导，通过因材施教、打造轻松活泼课堂、创设游戏教学情境以及创新技术教学手段等，增强学生学习的内驱力，促进后进生的健康快乐成长。

科学管理思想，用心灵交流心灵

青岛市崂山区第三实验小学　姜婷婷

青少年心理健康一直是社会各界关注的热点。据《2022年国民心理健康调查报告：现状、影响因素与服务状况》显示，青少年心理健康问题呈低龄化趋势。

因此，在课程改革中科学、有效地开展心理健康教育显得尤为重要。下面我谈谈在新课程改革中自己对小学生心理健康教育工作的一点尝试和体会。

一、创设积极的课堂学习心理氛围，优化课堂学习心理环境

1. 创建融洽的师生关系。教师信任、理解学生，学生尊重、敬仰教师，可以营造积极向上，愉快、活跃、和谐的课堂学习心理氛围。因此在学生成长过程中应以平等的态度对待学生，以民主的方式指导和组织教学，以适应学生日益扩大的信息面、学生的独立性和日益增强的成人感的需要。如微笑地走进教室，微笑地上课。当学生有困难时，老师适时地微笑可以减轻或者化解学生的心理压力。在课堂活动中，教师要处处严格要求自己，以身作则，为人师表，时时用自己的良好形象和诚信感化学生，给全班学生以积极的情绪体验，以营造良好的课堂学习心理氛围。

2. 建立适当合理的学习期望。教育心理学的大量研究表明，教师对学生的高期望会使学生向好的积极的方向发展，教师对学生的低期望则会妨碍学生的进步。对于学生学习的期望，不仅要关注学生对知识与技能的理解和掌握，还要关注他们情感与态度的形成与发展。课堂教学时，我们要有意识地、自觉地运用积极的心理暗示，用亲切、热烈的面部表情，配合教学内容自然生成得体而富有表现力的体态动作，引起学生的兴趣；教师要用幽默、睿智的语言，让

学生感受到愉悦，感受到善意的关怀，而且能引导学生课堂上积极探究。

二、挖掘教材蕴含的心理教学内容，构建良好的课堂教学结构

学生是学习和发展的主体，学习是学生的主要任务，学生在学习过程中会产生一定的心理困扰，我们应主动帮助他们解决问题。例如：教师通过选择典型课文，开发训练学生的思维和想象能力；通过对故事情节的感悟、对营造的教学情境的深入体会，拓宽学生思维的深度、广度；通过学习课文中对人物语言、动作、品格的描写，让学生逐步形成良好的个性和健全的人格。只要教师细心挖掘、善加利用，就一定能挖掘出语文教学中提高学生良好心理素质的丰富内容，收到心育的实效。

三、合理评价，激励学生健康地成长

通过评价促进学生深层次的体验，促进学生的共同发展。教师对学生适当正确的评价，会使学生产生成功感、喜悦感，激发学生进一步的学习欲望。在评价中要始终坚持以下几点：一是保护学生的自尊。二是营造和谐、宽松、平等的环境，最大限度地理解宽容，善待学生。三是发现学生的优势和特长，诊断问题和不足，尊重学生的现有状态；通过评价找出学生不足的原因，提出合理的、有针对性的改进建议，让学生在课堂上感到"安全"。

四、赏识教育，激发学习的自信心

"从本质上说，每个学生都是人才，都有极大的潜能，就看你如何去挖掘和培养。永远不要对学生说'你不行'，永远不要挫伤他的自信心，永远不要让他产生失败感，即使在他遭遇挫折的时候。"赏识教育正是在潜移默化中塑造未来一代人的风貌。实施赏识教育要注意以下几点：

1. 要善于发现学生的闪光点，及时予以强化。教师在小学生心目中的权威性很高，当学生取得了成功或在原有的基础上有了进步时，要及时给予肯定和强化，例如，多说几句"你进步了""你真棒""你真厉害""希望下次考得更好"等鼓励性语言，使学生感到"我行"。这种感觉十分重要，这就是自信心。

2. 注意赏识要持之以恒，切忌急躁粗暴，大声呵斥。教师或家长在面对差

生时，有时在多种因素的共同作用下，容易造成行为失控，在情急生气时忘记了鼓励反倒讽刺，大声地指责："这么笨，别上学了""你真没记性、真是死不悔改"等，从而挫伤学生的自尊心，失去自信心。然"人非圣贤，孰能无过"。学生犯错误是不可避免的，如何让他们在教训中学到智慧，才是至关重要的。爱迪生母亲的宽容使世界多了位发明家，因此我们在教学中必须正确对待学生的错误。例如：我班有部分学生的作业字体很差，作业质量不高，我就经常找这些学生交谈，偶尔他们有一两次作业表现好，就及时给予表扬，并在作业本上写上"好"，这样他们为了争取这些"好"，作业自然越来越好。所以我们对学生要宽容、和善、耐心，使学生感受一份真爱与抚慰。

3. 要注意赏识不能过度。小学生特别是低年级学生喜欢听到老师的表扬，仅仅一次就能满足他们的需要。虽然赏识教育主张对学生多肯定、多鼓励、少批评，但不等于学生犯了错误就不去批评，过度赏识、会导致他们自满自傲、任性，不能客观正确地评价自我，若稍遇坎坷便一蹶不振。所以我们要因材施教，对于胆小呆板的学生多肯定鼓励，少批评指责，对调皮、好动、表现差的学生要善于捕捉闪光点，及时肯定鼓励，扬长补短，任性的学生适当赏识，多提新的更高的要求或鼓励他们克服任性的行为。采用适当的评价，激发学生学习的主动性。

某联合国专家曾预言："从现在到21世纪中叶，没有任何一种灾难能与心理危机那样给人们持续而深刻的痛苦。"因此，我们作为一名班主任都应及时克服消极心理，满怀热情地投入教学工作中，对学生能做到像著名教育家苏霍姆林斯基说的那样："每一句话都对他们饱含热情，每一次眼神都对他们寄托希望，每一个手势都对他们亲近，每一个动作都对他们以鼓励。"

让我们轻轻去温暖心灵底处的那份"柔弱"，让那份"柔弱"内化为一种坚强。相信，我们一定能做到的！

"星瀚二班"班名诞生记—— 班级文化建设初体验

青岛（市南）海信学校　李　萍

新生开学的前两次班会，对于一个年轻的班主任老师来说，是一次全新的尝试，无疑也是一次巨大的挑战，于是我决定记录下来，以作纪念。

第一次班会，是在开学第一周，主题是"新学期新征程"。

首先，我带领学生回顾了陈校长给全校学生的开学寄语：今天我们的名字是"无限可能"。我在这里提出了一个问题：你想在哪方面拓展自己的可能性或者首先想在哪方面展示自己的可能性？"我书法学了好几年，我想展示我的书法""我有舞蹈和绘画才艺""我小学的时候学习成绩不太好，人缘也不太好，到了初中，我想在学习和与同学相处方面做出改变，希望大家喜欢我"……学生的分享多种多样。

紧接着，我跟学生分享了五个话题：第一，我是什么样的老师。（用了这些关键词：变化、成长型思维，对事不对人，说话直来直去、做事坦坦荡荡，不善于夸人，追求卓越，接纳，想成为温而厉、威而不猛、恭而安的老师。）第二，在我眼中，你们是什么样的学生。（一是结合军训期间取得初中的第一个拔河比赛冠军和军训期间的各项表现来说能力强；二是班级里的每一个学生都有自己的闪光点，在老师心里都是闪闪发光的存在，希望新的班集体能够给大家足够的舞台和底气，给大家充分的归属感和成就感；三是希望我们班的同学们能够彼此成就，每个人尽自己的努力好好学习，获得内心的成长，这也就成就了一个优秀的二班，进而，一个安全、稳定、和谐的班级，也必定会成就班集体的每一个成员，我愿意与大家一起成长，共同创建和维护这样的集体。）第三，我眼中理想的班集体是什么样子。（互相尊重，互相帮助；团结，有班级凝聚力、集体荣誉感；能自我管理，遵循"深刻的教育来自学生深刻的体验"的理念，希望学生能在初中这个阶段得到多方面的锻炼，比如慎独的习惯、自主学习的能力、学生干部的管理能力、独立思考和解决问题的能力等；不断调整，不断追求，学生是第一次当初中生，难免走些弯路，犯错误不怕，随时调整不断成长即可。）第四，班级"零容忍"现象。（不交作业；顶撞老师或者班委；孤立歧视同学，校园欺凌。）第五，你眼中理想的班集体是什么样子。我请同学们讨论并分享了他们自己眼中理想的班集体。（我发现，大部分学生都提到了"互帮互助"，尤其是多个学习成绩中等的学生多次说到"希望在学习上需要帮助的时候，同学能爽快地提供帮助"，这一点学生非常看重。）至此，第一次班会顺利结束。

经过第一次班会的铺垫，第二次班会主题是"班级文化建设之起班名"。首先，学生四人一组分组讨论，把班名写在黑板上，"逐梦、星汉、星海、惊鸿、萍聚、闻月……"，黑板上列了好几个，每个组推举一名同学上台阐释班名的含义。（恺滢首先代表小组进行"萍聚"班名的阐述："萍"的含义有两个，一是班主任的名字，我们支持和拥护李老师，二是表示我们虽然萍水相逢，但是日后会团结互助，"聚"在一起，共创辉煌。鲁秦豫代表小组进行"星汉"班名的阐述："星汉"的来源是曹操的《观沧海》——日月之行，若出其中；星汉灿烂，若出其里。于展博代表小组进行"星海"班名阐述：我们的班级就像星辰大海，我们是其中闪闪发光的星星，同时海也有"海信"的意思……）然后，投票表决，第一轮投票竟然是"萍聚班"高票获胜。虽然我内心窃喜，知道自己得到了学生的认可，但是这个名字实在有"个人崇拜"的嫌疑，于是，我上台表示感谢，但不得不"一票否决"，"个人崇拜"的头，不能开。接下来重新投票，没想到，投票结果再次出现戏剧性的一幕："星海"和"星汉"打成了平手。于是，在两个组的同学进行了第二轮宣讲和拉票后再次投票，紧张的时刻到了，最终，星汉班以一票险胜。于是，"星汉"成了班名。

故事原本应该就此落下帷幕，但是思来想去，又经过跟家长沟通交流，愈发觉得这个"星汉"字面意思局限性大，班名一事，事关重大，不可草率。于是，古诗词翻了个遍，"瀚"字更胜一筹，既保留了原来银河的意思，又比"星汉"更加广博、浩瀚。

就这样，我择机重新进行班名的释义。这是一件郑重而严肃的大事，我将班名释义做成了PPT，在课上对学生进行了宣贯：

星瀚——展则漫天星辰失色，收则幽渺万籁无声。

星空浩瀚——每个同学都是星河里一颗闪闪发光的星。虽然有近有远，有亮有暗，但是独一无二，各有各的精彩，缺一不可。希望星瀚班的每一个成员都能在班级里发光发热，成就星瀚，成就自己，只有每一颗星星紧密团结，遵守规则，才能成为一片浩瀚星空。

我讲完后，听到学生说"感觉我们好厉害"，心想"对，就是要这个效果"。

后来，在此基础上，又发展出了班级口号和班训——海纳厚为，好学笃信，星瀚二班，勇往直前。（海纳：像大海一样胸怀宽广，广揽厚纳新思想新知识新技能，拥有成长型思维；厚为：扎实的功底，深厚的作为，厚道正直；好学：好学习，学习好，勤学好问；笃信：对学习、道德和事业抱有坚定的信心。"海纳厚为，好学笃信"寓意：既要获取知识，也要注重实践，知行合一，暗合校风"广纳为海，敬事而信"之意，首尾二字刚好是"海信"。）

至此，"星瀚二班"的小故事告一段落，感谢各位看官读到这里。

真心相待，一路相伴

山东省青岛第十七中学　刘咏姝

　　著名教育学家第斯多惠曾经说过："教育的艺术不仅在于传授本领，而在于激励、唤醒和鼓舞。"要塑造一个全面发展而富有个性的人，为师者不仅仅应该是学业的促进者，更应该是人生成长的引领者。为了更好地贯彻这一理念，推进"教书"与"育人"并举，让所有学生感受到教师的爱与温暖，我校组织了"伴你成长——六个一教师体验周活动"。活动要求教师与结对学生共同完成六项日常任务，即一起用一次餐、一起跑一次操、一起听两节课、一起参加一项活动、一起解决一个问题、一起谈一次心。古人云：感人心者，莫先乎情。"六个一"活动如同一道门，带我走进了学生心灵花园的深处。

一、一次谈心，让我了解你

　　有一天，我收到了一张特殊的请假条，是今天没有到校的文文爸爸发来的。他说临近期末，孩子觉得跟不上课程，想请假一周，在家里自主复习。我看着这条微信，马上意识到这种脱离正常教学秩序的自习，是必然不会带来好结果的，便给家长讲明道理，商定先将孩子送到学校，再由我和她进行谈心。

　　然而，当她站在我面前时，我虽准备了一肚子道理和事例，却又一时语塞。我重新观察着她，她疲惫的双眼和因欲言又止而抿起的嘴角，让我看到了她的压力和固执。

　　我请她坐下，她给我表达了从期中失利以来的种种负面情绪。她告诉我，觉得此时的自己像一个没有子弹的士兵，之前很多知识点都忘了，只有在家点对点自主复习才能给她补充弹药。而我对她说，期末的压力和知识的漏洞人人都有，学生要做的就是调整自己，跟上老师的节奏。如果因为一时的跟不上就离开课堂，放弃适应而选择逃避，那么到了高三，又该何如？

可她坚持自己的观点，无论我从校规校纪、教学安排、抗压能力、自我调整等任何角度开导，她都只用一个中心思想回复我——在家复习最适合此时的她。时间过去了55分钟，我已经口干舌燥，便不再交流，转过身去喝水。也许是因为我一声无意的叹息，也许是因为一段短短的沉默，不知怎的刺激了她，她竟然开始落泪。那一刻，我深深地意识到，与其说她是在固执地争取一段自习的时间，不如说潜意识里她是在争取一个心灵的疗愈期。期中考试以来累积的压力遇到了五个月来最紧张的节奏，情感的爆点由此产生。

基于以上认识，我批给了她两个晚上的假期，虽然有违学校正常作息，她确实需要时间去调整自己。而这次谈心也让我充分认识到，只有深度地了解学生，才能在他们的情绪危机中做出正确的判断，进行有针对性的处理，而我也需要更多的时间，去学习如何与这样的孩子相处，如何陪伴他们走过心灵的阴雨。

二、一次跑操，让我引领你

对于慧慧来讲，跑操是一件麻烦事，尤其到了冬天，她便开始以各种理由向我请假。她曾经对我说："在冬天跑操就像是和寒风摔跤，而喊口号就像吞了一把小刀。"尽管我多次和她谈话，劝她加强日常锻炼，适应跑操强度，但都收效甚微。

一天，我在烈烈寒风中陪伴她跑操，而她喊出的口号就像一台旧收音机里细弱的余音。我听着这微不可闻的口号，心里很是着急。此时的我，跑得也有些疲累，寒风灌进嗓子里，钝钝地疼。可我咬紧牙关，紧紧跟在她身边，当经过主席台时，我和她一起大声地喊起了口号，我用尽全力，声音几乎盖过全班女生，几个靠近我的学生都吓了一跳。而她，也震惊地看着我，仿佛在问我，怎么仍旧会有这么多的力量。

我伸出手，轻轻拍了拍她的肩膀。我想，既然无数次的"言传"不能教育她，就让我用此刻的"身教"引领她。寒冬里的跑操确实不易，但人总能以更强大的意志去突破困境。她轻轻地抿起了双唇，眼眸低垂，仿佛有所思考。在最后一圈的口号中，我听见了她开学至今最响亮的声音，像一只雏鹰迎着山风唳叫，清脆稚嫩却又透出力量。

那天之后，我便时常陪伴她跑操，听着她的声音越来越响亮，看着她的表情越来越坚定，我感到很是欣慰。既然为人师表，便要以身作则，这就是"身教"的力量，它能引领学生攀越困难的高峰，渡过逆境的洪流。

三、一个问题，让我帮助你

有一天晚自习之前，我们班的小峰，突然来找我，他面无表情地对我说："老师，我想退学。"他是我们班开学以来请假最多的学生，每次家长都给我手写假条，此刻，我恍然大悟，恐怕生病是假，厌学是真，这里边的内情必然不少。

我请他来到我的办公室，询问他是不是近期在学习上遇到了什么困难，他吞吞吐吐，在我再三追问之下，他终于告诉我，他觉得高中学习的内容在往后的生活中并没有实际的用处，他也不想上大学。他已经可以在某视频网站上做出播放量30万的视频了，打算现在就开始靠做视频谋生，他未来的人生也没有什么理想，只要糊口就行，所以不需要接受高中教育。

他的想法深深震撼了我，我的第一反应是他家说不定有什么困难，他却干脆地表示没有。他就是自己不想上学。

于是，我开始跟他进行分析，我告诉他，既然喜欢做视频，那完全可以通过高中三年的拼搏进入到大学，在大学学习新闻传播学等专业，对他未来做出更受欢迎的视频大有益处。同时，我给他分析了社会生存的不易，给他算了一笔账。成年之后的他要维持所谓"仅糊口"的生活水平，一个月也至少要3200元钱，这意味着他每个月要做9个以上有一定长度且播放量30万以上的视频，而且灵感不能枯竭，月月不能停歇。反观高中教授的知识，虽然部分不能直接运用于日常生活当中，却可以帮他发展思维，拓宽视野，为他的灵感源泉提供活水，大学更是可以为他带来一个全新的平台，拓展职业前景。

同时，我又从家庭责任、感恩父母的角度启发他，他做视频可以糊自己的口，那父母老去之后，他又拿什么赡养父母呢？然而，苦口婆心只得到了他的一句搪塞。这次沟通已经不能再继续下去了，我让他回班自习，然后陷入沉思。这个学生无比实用主义的短视让我有一种无力感，他固执地否定着知识的价值，还有一种不基于现实的自信。但这也让我明白，教育的根本目的永远是立德树人，要加强学生的责任教育、感恩教育、职业教育，树立正确的人生观、价值观、世界观，只有这样他才能正视自己的生活、学习与家庭。

这个问题现在仍然在解决中，小峰得了腮腺炎，近期无法到校，但我有信心，总有一天会让他回到课堂。

总之，想做好育人导师不是一件容易的事，要以真心真意走近学生，要在点点滴滴中陪伴学生，"六个一"就是一次很好的实践。它让我对学生的了解更加深刻，也总结了很多开展德育工作的方法。

高中三年并不漫长，教师不可能陪伴学生一辈子，但教育可以，这简单的六个陪伴会在学生心灵花园里留下一粒小小的种子。岁月荏苒，回首往昔，或许我们会看到嘉木葱茏，绿叶素荣。

建立家校联盟共同体，多角度助力学生成长

青岛市崂山区金家岭学校　陈　英

滕尼斯等在《韦氏大学词典》中将共同体（Community）定义为"拥有共同的历史、共同的特征、共同的兴趣、共同的利益的人群"。家校共育在起始阶段就与共同体完全匹配——学生、教师、家长为共同的成长目标而聚集。

一、共同体视角下，建立多种形式的家校联盟

在共同体视角下的家校联盟建设是包含老师、家长、学生在内的全体成员共同参与的公共治理和共同建设，共同体的每位成员都能在参与过程中找到自己在这个群体中的位置，能在参与共同体建设的同时获得相应的发展。

1. 共划班级愿景，全员参与班级建设

新班级建立之初我就从共同体的视角出发，邀请家长和学生一起参与班级愿景策划。新集体的第一份"班级共建任务"——给新班级起一个有创意的名字并说明原因。当班级名称确定后，第二份共建任务是，学生和家长合作为班级准备一件"装饰作品"。学生和家长一呼百应，几天内就收到了很多富有创意的提案和作品。这样两个共建任务，让每个学生和家长一起以主人公的身份参与到班级建设之中，共同创建班级的最初愿景和描绘美好蓝图。

2. 组建班级家委会，搭建家长间成长共同体

家委会成员通过自我推荐、教师推荐以及全体家长投票的形式产生，在家委会成立之初，确定了组织活动的原则，即"一切为了孩子"。家长委员会成立后，我与家委会制订班级活动计划，鼓励家长间开展多种形式的交流活动，建立"家长交流小组"，分享经验，舒缓情绪。

3.组建家庭交流群，为家庭成长提供个性化支持

以学生为单位建立家庭微信群，分享学生在校表现，针对学生特点，为家长提供助力学生成长的个性化反馈，并根据情况，单独约谈家长。

4.组织"教育年会"，建立家校沟通的平台

所谓的"班级教育年会"，是比较正式的家校交流活动，在教育年会上帮助家长正确理解"双减"政策的要求和学校的具体做法，并邀请部分家长分享教育经验，通过互动交流的形式解答家长疑惑的问题。

5.及时分享学生情况，让孩子的成长"正名"

通过给家长写信、记录班级日志、抓拍学生校园动态、邀请家长进校园的形式帮助家长了解学生在校表现，通过学生作业用时减少、学习效率提高等实际效果减少家长的"焦虑"。

6.建立学习型家庭，鼓励家长和孩子一起成长

首先，明确学习型家庭的目标定位，为学生成长安装永动机；其次，提供具体方法，例如阅读书单、读书和经验交流会等；第三，提供自评工具，以始为终，及时修正。

二、共同体视角下，家校联盟建设的特点

1.正向引导，建立家校合作共同体

共同建立具有归属感、愉悦感的班级共同体。区别于单向、命令似的传统"家长会""教育年会""家长联盟""学习型家庭"，我们更注重动机唤醒、多方互动、积极朝向共同目标的共同体建设，因而更有动力和效果。

2.积极搭建不同主体间的沟通平台

（1）学校-家长间的交流。通过组织一年一度的教育年会，邀请家长走近并了解学校相关工作，加强学校和家长之间的沟通；

（2）家长-家长间的交流。在各类活动中，例如，教育年会、部分家长间"非正式交流会"、家长团约谈等形式，鼓励家长之间分享经验和提出困惑，并商讨解决办法；

（3）学生-家长的交流。学生的实际表现具有一定的说服力，通过帮助学生真正提高和完善，增加家长的信心。在这个过程中，通过及时与家长交流、

分享学生在校表现等形式，可以有效减少家长的"焦虑"；

（4）家长-家庭的成长。帮助家长明确建立学习型家庭的目标和方法，实现家长的自我成长，为学生的长远发展助力。

共同体为家校共育提供了理论依据和新思路。通过设计共同的愿景、组织多种形式的家校交流活动，班级与家长之间建立了密切、积极、向上的关系。家长的自我成长与集体凝聚感，助力班级发展，为学生成长提供了坚实保障。

因此，我们的班集体，从学生群体到家长群体都拥有积极向上的文化气质，以情感、价值观为纽带，共同体成员之间相互接纳、相互关心，形成了一种平等互助、公正和谐、共建共享的班级氛围，每个成员都能够安心愉悦，日益精进，各得其所。这也充分证明，以共同体为名义的相聚更有意义、更有力量！

将"质疑声音"转化为"教育契机"

——对新时代德育工作的一些思考

山东省青岛第二中学　周贝妮

成为班主任的第三天，我就被学生问了一个不知如何回答的问题："为什么自习课期间不能去图书馆上自习？"

我脑子里立马闪过"学校规定"，但这显然不是一个站在学生角度的合理解释。回想起我上学时，发出这种质疑声音的常常是班里的"刺儿头"，一时慌张的我便不自觉地将他视作公然挑衅，试图用强硬的话语捍卫班主任的权威。

现在是成为班主任的第三年。在这三年里，班里不断有这样勇于表达自我、质疑权威的声音出现，我也在不断思考其中的教育内涵。经过观察和思考，我逐渐发现这些声音并非是与我故意作对的表现，而是当今这个时代赋予这些学生的鲜明特点，更是将他们培养成符合国家需要、社会发展的高素质人才的良好教育契机。

一、新时代人才培养要求

随着互联网的高速发展，当今时代呈现出前所未有的多元性和开放性，其中一个重要的表现就是人人都有思考和表达的权利。以前我们获取信息的渠道单一，发表观点的影响力有限。而现在各种新媒体社交平台极大地提升了公众话语权，上到国计民生，下至家长里短，普通个人可以在第一时间获取到信息并发表自己的观点。一方面，公众的声音被传达，公众的诉求被听到，公众的力量被激活，这对于社会发展的积极意义是毋庸置疑的。另一方面，每一个观

点有被看见的可能，同时也有被讨论、被争论甚至被攻击的可能。在这样一个匿名时代，许多人在现实生活中怯于表达，却在网络上被赋予"重拳出击"的勇气，甚至在不知不觉中被舆论带进"情绪之争"。这一代青少年正是在这样的环境中成长起来的。他们有丰富多彩的信息来源，有开放广阔的展示平台，有包容多元的社交环境，同时还面临着这个变化迅疾的世界对他们的挑战，尤其是对批判性思维能力和科学决策能力的挑战。

《中国学生发展核心素养》报告指出，批判思维和质疑能力是中国学生发展核心素养的重要组成部分。一方面，质疑精神是进行任何学科学习的必备能力。学生在学习过程中只有经过不断的独立思考、深入探究与自我反思，才能将新知识迁移到自己已有的知识结构当中。另一方面，培养质疑精神是激发学生高阶思维的重要手段，是塑造学生独立人格的重要途径，更是面向未来必不可少的教育内容。教育者要充分抓住每一个教育契机，将学生培养成具有批判性思维、质疑能力和理性精神的高素质创新人才。

二、德育工作中的应对策略

在现阶段的教育中，教师能够有意识地在学科教学中培养学生的批判性思维与质疑能力，但在德育工作中却常常忽视对那些"不同的声音"的认可和引导。下面从三个层面谈谈班主任在德育工作中如何将学生提出的质疑声音转化成教育契机。

（一）尊重个体诉求

在学生提出质疑或表达诉求时，班主任首先要避免先入为主地认为学生在挑衅，否则无论学生的出发点是什么，教师都会被迫站在他的对立面，导致问题不断激化。每一位学生都是鲜活灵动的生命个体，有着不同的成长经历和学习体验，因此他们的行为习惯和学习特点本就各不相同，提出自己的想法无可厚非。我们应当尊重每一位学生的诉求，保留他们乐于思考、敢于表达的批判性思维和质疑精神。当班级形成这种既能独立思考、自信表达，又能善于倾听、尊重他人的风气后，许多班级管理层面的问题就不再是问题，每一位学生都能在这种"水涨船高"的环境里追求更优秀的自我。

（二）引导质疑方法

肯定学生的质疑精神之后，班主任还要引导学生使用正确的态度和方式进行质疑，避免在表达自我时成为情绪的"奴隶"，导致不必要的冲突。师生应该明确一点，无论在班级管理过程中遇到什么问题，班主任和学生的出发点都应该是一致的，那就是为了让学生能有更好的发展。当师生统一战线，那么质疑的对象就不再是人，而是具体的问题；质疑的目的不再是说服对方，而是为了更好的班级建设。

比如，学生表达"能否在自习课时间去图书馆上自习"，虽然学校规定自习时间应该统一在教室自习，但班主任要进一步询问他的想法。如果学生只是出于个人原因，认为自己更适合图书馆的学习环境，班主任要予以尊重和认可，同时强调他对整个班级学习氛围的榜样示范作用，无论他选择在哪里上自习，都希望他能发扬优秀的学习品质。如果学生是出于对班级自习纪律的不满，班主任首先要表明一致的立场。他能发现班级存在的问题，一是因为对自己有严格要求，二是因为对班级有责任感。这样一来，学生提出的尖锐问题就可以转化成他对班级变得更好的期待，这样既能安抚学生的消极情绪，又可以将全班同学的注意力转移到如何齐心协力解决班级管理中存在的问题上。

（三）凝聚向上力量

当班级出现不同的声音时，许多班主任常常横眉冷对，使用简单粗暴的方式予以驳回，其实他的本意是担心这种"不和谐"的声音破坏班级凝聚力。就像"能否去图书馆上自习"这个问题，可能提问的学生只是想寻求一个更适合自己的学习场所，但其他学生听来就会有不同的解读，容易削弱班级士气。但也正因为如此，班主任就更要在这种时刻认真对待学生的诉求，并加以正确的引导。

习近平总书记曾提到，青年一代有理想、有本领、有担当，国家就有前途，民族就有希望。学生在担当社会责任、历史使命和民族重担之前，首先要在班集体中担当起自己的责任。每个班级都有一个"磁场"，它在每一位学生的言行举止中潜移默化地生成，再反作用于每一位学生。创造一个充满正能量的"磁场"，是处于集体中的每一位同学应该承担的责任，凝聚个体的向上力量，才能振奋集体的前行信心。因此，班主任要强调每一位同学都是班级中不可或缺的一员，肯定每一位同学为班级发展起到的积极作用，引导学生在发表自己的观点时，不能只关注眼前的利益和个人的诉求，还要有更大的格局和更高的境界，时刻反思自己如何能给他人带来积极的影响。

三、结语

时代迅速发展，社会日新月异。虽然教育理念和教育方式在不断变革，但教育尊重人、激发人、发展人的本质不会改变。在德育工作中总会遇到许多突发事件，但教师只要以平等的心态去尊重每一个生命个体的发展需求，就可以将每一个棘手的问题转化为教育契机。

我是这样"惩罚"犯错的"3+4"学生的

山东省轻工工程学校　刘爱萍

2017年8月，我如愿成为17级"3+4"数控班的班主任，相较于我校的中职生、三二连读学生，"3+4"贯通培养班级的学生是比较具有"特色"的一个群体。在给他们担任班主任的三年里，我最大的感受便是这是一份"甜蜜的苦差事"。说是苦差事，是因为当班主任的苦是不言而喻的，我每天有太多的事情要做：上课、查纪律、手机管理……有时一整天都忙于处理突然事件，例如处理学生间的矛盾等。说它甜蜜，是因为每天面对的都是充满朝气的脸庞与纯洁的心灵，这是多么令人欣喜的事情。在三年的时间里，我经历了很多，学到了很多，下面和大家分享的是我和学生小张的故事。

小张是个调皮的学生，我几乎每天都会收到对小张的"举报"：

刘老师，你班张XX今天上课又说个不停，我批评了他几句，他还歪理一大堆！

老师，你给我调个位吧，张XX不愿意听课，硬逼着我陪他聊天！

老师，张XX上课总是摸我耳朵，我不让他摸，他就在我背上画乌龟！

……

我多次找他谈话，甚至采用了一系列惩罚措施，如打扫卫生、罚站等，却收效甚微。通常他会消停一两天，过后变本加厉，花样翻新，真是让人头痛。我当时一度想放弃小张，因为他占用了我太多的时间与精力，简直是班级的一个"毒瘤"。

我将此事告诉师傅梁老师，询问他的建议。梁老师让我不要着急，说犯错是学生成长过程中的一个正常现象，只要不是犯了那种不归之路的错误，都是正常的。作为老师我要学会包容、学会正确引导，处理起来一定要慎重，方法不当不但不会解决问题，还会让事情更加糟糕。

我开始反思自己的做法：小张"坚持不懈"地违纪，这除了他本身自控力较差外，或许更是因为我没有采用适合他的教育方法，也就是说我对他实施的教育并非是他期待的方式。教育家李镇西曾说过：教育者的机智和明智，在于引导"后进学生"经常进行"灵魂的搏斗"，不但善于发现自己的可贵之处，更勇于用"高尚的我"战胜"卑下的我"。而小张有个很大的优点：思维敏捷，颇具文采。既然惩罚他的缺点不能触动他的心灵，那么能否从他的优点入手呢？

我决定试一试。当他又一次在英语课上说话时，我叫他的名字，示意他到教室外。他听到我叫他名字，却坐在座位上不动，不断地狡辩"老师我没说话"，眼睛里充满抗拒与警惕。

我说：你出来嘛。

他却不愿意出来：什么事啊，老师？

周围的同学都急了：老师让你出去，你就出去嘛。

他只好走了出来，眼里仍有一种抗拒。

我说：今天你又说话了，而且还说得那么有感染力，连周围的同学都被带动加入你的行列了。看来你的文采很好，鼓动力很强，那么你就把今天的检讨书用诗的形式写下来吧，我相信你一定会写得很出彩。

大概是感觉这次的惩罚比较有创意，他竟然高兴地答应了，一再保证会写好。

下午，他就把检讨书送到了我办公室：

吾今上课说话

爱英文心所念

学乃吾之所好

英师自当解吾

语多更觉承恩泽

他得意地告诉我，除了承认错误，这还是一首藏头诗，把每句的第一个字连起来，就是"吾爱学英语"，表达了他对英语老师的尊重和对学好英语的信心。

他确实写得不错，我表扬了他。下午上课时，我又在班上读了他的这首诗，表扬他承认错误的勇气，赞扬他优美的文采，并提议大家监督、帮助他逐步改正错误。在大家的掌声里，小张红着脸，不好意思地抬头看了我一眼，那眼睛里有意外、有感激，更有改正错误的决心。

下课后，小张跑到我的办公室，一脸诚恳地说："老师，其实有时我并不想违反纪律，可实在是控制不住自己，听会儿课就想玩点儿别的，我真恨我自己！"我鼓励他想玩儿的时候控制住自己，我告诉他："你自己就是自己的审判官，班级的纪律固然是约束，但你更要靠自己的意志来控制自己。我相信你是能够战胜自己的。给你一个建议，你先试试每天争取有一堂课一件违纪的事也不做。如果你做到了，就来跟我说一声。刚开始你可能不太舒服，但这样做非常有用，那你就强迫自己每天都做；你在课上做别的事，而这样对自己对他人都没好处，那就强迫自己不要去做！"

他答应得很痛快。

如我所料，他之后确有进步，但不断地反复。尽管如此，每次他有进步时，我都给他以热情的鼓励。因为我知道，他长期养成的习惯不可能一下子改正，而且转化一个学生不是谈一两次话就可以解决那么简单的，学生随时反复是很正常的。之后的日子里，我还罚他写过自创诗歌、自创小品、策划圣诞节方案等。这些有"分量"的惩罚既是对他违反纪律的警告，又发挥了他的特长，维护了他的自尊，所以每次他都会全力投入。就这样，通过不断给他布置相应任务，让他不断发展自己的优点来战胜缺点，他违纪的次数逐渐减少，一学期下来，小张基本上戒掉了违纪行为。

这虽是件小事，但对我的触动却很大。记得李镇西老师在《做最好的班主任》一书中曾说过："要教会学生自己发现自己身上美好的东西，并自觉地将它巩固和发展，以逐步战胜自己的缺点。"学生犯了错误，说教与一定的惩罚是必须的，但不是万能的。因为学生的脑袋不是一个空空的容器，等待着教师通过说教注入"正确的思想"。我们对待犯错误的学生，如果一味说教甚至打压羞辱他们，学生可能并不买账甚至适得其反，更有甚者，也可能觉得自己是罪恶之身而自暴自弃。我们教师的责任在于教书育人，因此要有心去发现学生心灵中美好的东西，并引导它不断发展壮大，逐渐剔除掉自身存在的缺点。这个过程也会教会学生自己发现自己的优点，自己克服缺点，最终成为一个自信、自尊、自爱，对学习与生活充满信心、对生命充满热爱的人。

我认真总结"惩罚"小张的办法，针对"3+4"群体做了改进与完善，并将"升级版"命名为"班级违纪应对方法"。

苏霍姆林斯基曾说过：我们的教育对象的心灵绝不是一块不毛之地，而是一片已经生长着美好思想道德萌芽的肥沃的天地。因此，教师的责任首先在于发现并扶正学生土壤中的每一株幼苗，让它不断壮大，最后剔除掉自己缺点的杂草。是的，学生从小学一路走到现在，已然种下了一颗颗美好的种子。教师要做的便是在杂草丛生里寻找出那一颗颗种子，并且俯下身子，科学地给予阳光和雨露，静待花开。

给予学生适时地引导和恰当地鼓励

——充分挖掘学生潜能

青岛工贸职业学校　李晓梅

德育工作是班主任工作的重头戏，班主任精准地抓住每个学生的闪光点，并且持之以恒地适时引导和给予鼓励，德育工作会取得事半功倍的效果，也能够更好地实现育人目标。

在班级工作中有这样一类学生，他们学习成绩平平，能力也平平，对于班级工作时而热心，时而冷淡，渴望班主任能够关注到自己，但又因自己没有尝试过而缺乏自信。这应该就是老师们口中经常提到的"中间学生"，这类学生往往会因从不违反班级纪律、从不招惹是非，而被班主任忽略。其实，抓住这部分学生，对他们给予适时的引导和恰当的鼓励，挖掘出这部分学生的潜能，不但能够让学生获得全面发展的机会，而且会推动班级工作更上一个台阶。

一、全面了解学生

2020年秋季新接手的班级中，有一个叫晗晗的学生，父母均在青岛市某市场售卖水果蔬菜，家境一般，但其父母在孩子的吃、穿、用上毫不吝啬，孩子手中的零花钱相对比较自由。2020年9月组建班级之初，晗晗同学加了我的微信。有一天，放学之后我收到晗晗的微信，这个小姑娘跟我主动请缨，她想当班长。我当时非常惊讶，同时也很开心，毕竟有同学愿意主动承担班级的一些工作，有上进心，为同学服务是一件好事情。于是我问晗晗同学："你以前有担任班长的经历吗？你为什么觉得自己可以胜任这个岗位呢？"晗晗同学说："我以前在初中就是一个默默无闻、从不关心班级事务、游荡在班级之外的一条

'小咸鱼'，我从来没有担当班委的经历。上了高中我想改变自己，也想挑战自己，虽然我不知道自己能不能干好，但是我会努力去干。老师，如果你觉得我不适合当班长，你可以给我一个其他的职位……"

通过与学生短暂的对话，我了解到晗晗从上学以来从没有担任过任何一个班委，在初中时因为身体不好还曾住院，有近半年的时间没有到学校。自己前面九年的上学经历就是一个不惹大祸、不与老师接近、游走在班级边缘的学生。通过与学生的交流，我发现她与理想中的班长，还有很大的一段距离。但是晗晗很真诚，非常打动我，我也不想打击她的积极性，于是我对晗晗同学说："接下来是军训，军训完了以后我们会投入正常的学习生活当中。你既然想当班干部，那你就拿出班干部应有的姿态。接下来这段时间老师先考察你一下，看看你是否有这个能力。你要加油哦！"学生连忙表示自己一定会努力争取。

根据该生的状况，在高一入学之初，我就制订了适合她发展的育人方案，期望通过准备有计划多方位的引导和鼓励，不打击学生的积极性和自信心，同时又完成理想的教育目标，实现学生全面发展。

二、引导鼓励计划

1.计划制订的思想基础

引导鼓励计划要使学生感受到老师和学生的认可，提升学生的自信心。通过学生自信心的提升，带动学生能力的提高，进而督促学生改掉自身的坏习惯，实现学生的全面发展，达到学生主动为班级同学热情服务的初衷。

2.计划资料

第一步：考察学生对班级的热爱程度，培养学生观察班级事物、观察班级同学的能力。

第二步：引导学生发现自身存在的一些小问题，并鼓励学生通过自己的努力改正缺点。

第三步：引导鼓励学生提升自我素养，来获得班级同学的认可，为自己成为班委打下坚实的基础。

第四步：学生成功竞选班委后，对其工作的开展予以具体的方法指导，一方面帮助她在同学面前树立威信，一方面提升她的自信心，同时帮助她收获成功的快乐。

第五步：学生通过自己的努力，成为一个受同学们拥护、又受老师喜欢的班干部，促进学生自由全面的发展。

三、计划实施

1. 观察学生的日常表现，纠正学生的不良习惯。结合晗晗的具体情况，我跟晗晗同学说："你上课的坐姿非常随意，如果你想要成为一名班干部，就一定要做出表率。上课就是上课，不同于自己在家里沙发上的随意坐姿，应该有一定的规矩约束着你。"学生态度非常端正，连连表示自己一定会改正。可是我发现第二天她又恢复了原样，于是在课堂上我给了她一个眼神暗示。晗晗同学非常迅速地接收到这个信号，马上回到规范坐姿。几次下来，只要我看她一眼，她都能立刻意识到我的意思，并用行动做出回答。渐渐地，她改掉了身上的坏习惯。

2. 锻炼学生的综合能力，提升综合素养，为其竞选班委打下良好基础。班干部少不了要在全班同学面前讲话，于是我有意将一些发言机会交给晗晗，让她站到全班同学面前。从开始的战战兢兢到后来的大方稳重，晗晗自己也付出了很多。据她妈妈讲，晗晗晚上睡觉前经常自己站在镜子面前练习如何发言，如何讲话。等到军训结束时，晗晗同学站在全校同学和老师面前，代表全体高一学生进行发言。流利的语言表达、良好的自我表现为她竞选班委打下了良好的基础，也极大地提升了她的自信心。

3. 具体方法悉心指导。在开学一个月之后的班级班委竞选中，晗晗同学成功地竞选到了团支书这个职位。成为团支书的她，与我有了更多的日常交流机会。由于是第一次干，她对自己的工作领域并不熟悉。作为班主任，我不厌其烦地手把手地教她一件一件小事如何去做。晗晗同学给自己准备了一本精美的笔记本，将我教给她的都细心地记录下来。有了具体的方法指导，晗晗同学的工作开展过程非常顺利，她也获得了全班同学的肯定与认可，晗晗同学工作起来更有激情了。当然，有时我也会针对她在学校中的表现，对她提出一些诚恳的建议。而她，都能虚心接受并积极改正。

四、教育反思

1. 尊重学生个性，因材施教

每个学生的脾气秉性都是不一样的，学生有自己的个性，作为班主任我们不能以共性对待，应该善于发现适合学生发展的成长之路，因材施教，循循善诱，尊重学生的个性，给学生自由发展的空间。

2. 让学生清楚地知道自己该干什么

作为老师，我们要换位思考。有时候你觉得轻而易举的问题，在学生那里可能会是一个比较大的困惑。因此在告知学生时必须详细明确，让学生清楚地知道自己接下来该干什么，而不是含糊其辞。我们不能过分高估学生的能力，但同时也要对学生有足够的信心。

3. 关爱学生，成为学生的良师益友

人是情感动物，教师对学生的喜爱与否，学生都能真实地感受到。对于中职学生来说，如果他能够感受到老师对他的关爱，会在很大程度上唤起他的自信心、进取心。这能促使其改正缺点，引导并鼓励他努力学习，全面发展，即使他最终可能不会品学兼优，但一定会成为一个自信的、有理想、有追求、有目标的职高生。

一只小鹌鹑的故事

青岛市崂山区实验学校　苏昱章

2021年7月，中共中央办公厅、国务院办公厅印发了《关于进一步减轻义务教育阶段学生作业负担和校外培训负担的意见》，俗称"双减"政策。"双减"政策是围绕以人民为中心的发展思想、解决人民群众疑难忧愁问题的一项民生工程，关系到国家的发展和民族的未来。崂山区也围绕"为党育人、为国育才"这一根本立足点，在人民非常关注的教育问题上聚焦减负不减质，崂山教体局积极推进"双减"政策落地，呵护学生在健康快乐的环境中全面发展。

同年9月，我第一次踏入初中的校园，成了崂山区实验学校初中部的一名生物教师。虽然已经有三年的小学科学教学经验，但上班后的绝大多数时间都是与小学生打交道，不知道学生们从小学到初中具体会发生哪些心理上的变化，对于自己的"新初一"生活，我也怀着一份忐忑和激动。在进行初一教学的过程中，我发现学生们对于生物课程的学习都很有热情，这让我开学前的忐忑心情转化为了见到学生的踏实和快乐。在七年级上半学期的教学中，发生了一件很温馨、充满爱的故事。

开学很短的时间我就发现，班上的乔森同学对生物学有着浓厚的兴趣，他的知识面非常广，下课经常问我问题，问题并不局限于书本上的知识，更多的是生物学科中的一些特殊现象。他也经常和我分享在看书过程中偶然的小发现。

一天课间，他提出想和我一起在学校孵鹌鹑蛋，我很惊讶，因为我知道自然界中生命的诞生和成长是有一定概率的，并不是每一颗鹌鹑蛋都能变成活生生的小鹌鹑，同时还会受到外界孵化条件的影响。我担心孵化不成功会影响孩子的信心和兴趣，就问他之前有没有类似的孵蛋经历、鹌鹑蛋是否有受精等问题，听到乔森同学以前有孵蛋的经验，对时间和温度等参数都有研究，我便欣然接受了在办公室孵蛋的这个小请求，并且也跟着期待起来。我觉得能够见证一个生命的诞生和成长是一件幸运的事情。

当天晚上看了乔森妈妈发来的"小生物学家"家里的视频，我才发现，原来乔森在家里开了个"小动物园"，自己种植植物和孵化小动物经常成功，之前家中甚至还有壁虎在爬行。乔森妈妈用抖音视频的形式记录了孩子生活中与小动物相处的点点滴滴，从家里的一颗蛋蜕变为一只健康的小黄鸭，直到成长为一只"铁锅炖不下"的大鸭子。这期间从鸭蛋的孵化到给小鸭子在家中提供嬉水乐园，再到定期领鸭子出门游玩，都离不开乔森同学对他的悉心关照，也离不开孩子父母对他兴趣爱好的支持和帮助。用视频的形式记录下孩子在生物实践过程中发生的趣事，像一篇长长的动物孵化视频报告。了解了这些，我更是对即将要和乔森同学进行的鹌鹑蛋孵化实验充满信心。

四只鹌鹑蛋静静地躺在孵化器里。一开始我们每一天都仔细观察他们，盯着它们会不会发生一点变化。前几天的孵化器数字很容易异常跳动，需要多注意一下。到后来，我和孩子都习以为常，不再每天盯着鹌鹑蛋看上一阵子了，仿佛习惯了办公室这个小小的方盒子。但每天也会同样细心地看看孵化器的温度有没有异常跳动，孵化器中的水分有没有足够，经常向水槽中滴加一些水，鹌鹑蛋表面不至于让在中温的蒸发下过分失水而开裂。

就这样，19天的时光悄然流逝。在一个平凡的上午，校园里静悄悄的，安静的办公室忽然传来"窸窸窣窣"和"唧唧唧唧……"的声音，这不太寻常的声音让我尤其敏感，它从我的办公桌上传来。我兴奋地看向办公桌上的小方盒，发现里面的一只鹌鹑蛋正在开裂和晃动，我赶紧喊来办公室没有课的其他老师们，一起见证小生命的诞生。生命的诞生需要耐心地等待观察，鹌鹑蛋壳上面的那条裂缝越来越宽，隐约可以看见里面棕褐色的湿润羽毛。见它在鹌鹑蛋里着急叫喊了半天也突破不开蛋壳，我真想动手掰开蛋壳帮它一把，但我还是忍住了好奇心。自然界中的小生命需要自己找到突破的方法，这样它才能在日后有更加顽强的生命力。我在心里为它暗暗加油鼓劲。终于一只小小的翅膀伸了出来，颤微微地试探着蛋壳周围的空气，接着蛋壳在小鹌鹑嘴巴的不断啄动下碎裂了，如挣脱束缚一般，湿漉漉的小鹌鹑在早餐盒一样的微型孵化器里"席地而坐"，刚刚见到这个世界的小鹌鹑还用小脚踢了踢其他的几颗蛋，企图用叫声和动作来唤醒其他还在蛋壳里沉睡的同伴。

为了保证刚出生小鹌鹑的生命安全，作为鹌鹑顺利出生的见证者和接产人，我维持好它生存空间的温度，因为温暖的环境是它健康成长的基石，暂时将其他三颗还没有孵化迹象的蛋放置在另一个保温箱里。一下课我就迫不及待地告诉了乔森同学，他兴奋地跳了起来："天呐！我没想到真的孵出来了！太棒了！"拉着几位要好的同学赶紧来见证"校园产房"里的神奇生命，同学们也非常激动，眼神里都充满着小心和呵护，还不断地询问乔森同学是怎么做到的，我们如何能为它提供更好的生存条件等。

是啊，鹌鹑蛋的孵化是有一定比例的，生命孕育的路上从来不是一帆风顺的，一个小生命可以破壳而出是非常幸运且偶然的事情，生命真的蓬勃而伟大。

作为从提出建议到鹌鹑蛋孵化成功全程参与实际操作的学生，乔森说："这一次鸟蛋孵化的小鸟是雉鸡科鸟类中的鹌鹑，经过历时19天的孵化，第一只鹌鹑幼仔'豆豆'成功出世。通过对其毛色特征的观察，判断这是一只雄性鹌鹑，可以做同批次其他兄弟姐妹的'大哥'，也希望它可以健康平安地陪伴同学们走过初中的三年。谢谢苏老师和我一起孵蛋，改变了鹌鹑蛋的命运，让它从一顿早餐变成了一个鲜活的生命。"

这一次与乔森同学共同参与生物孵化实验的过程充满了团结、坚持、爱和希望，动手实验是在理论知识的基础上带领孩子探索自然、认知世界更加欢乐的途径。老师也和孩子们是亦师亦友的关系，培养孩子们在学习上的兴趣、在实践中探索真理的勇气与信心。乔森同学向全班分享了自己此次孵化鹌鹑蛋的准备和经验，以及整个过程中充满的爱、希望与责任。这引起了班级同学强烈的兴趣，在课后掀起了一波生物研究的小高潮。

在"双减"政策下，学校要求教师们提高作业管理水平，提高课后服务水平和提高课堂教学质量。我们在平时的工作教学中认真贯彻落实"双减"政策，也更多地给学生布置创造性和实践性作业，要保护学生们的天性、激发他们的创造力，帮助他们以自己的方式认识自然、探索规律，为国家培养出更多富有创新精神和动手能力的多元化人才。也希望学生在合理的时间内完成课业后，能够有更多的时间和精力去参与自己感兴趣的课外社团和实践活动，从生活中探索学习，在学习中享受生活。

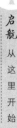

我的青春因你们而精彩

青岛西海岸新区凤凰岛初级中学　王　璐

每个人都有自己的理想与信念，同样，我也不例外。我的理想就是成为一名平凡而幸福的人民教师。此刻，我认为我实现了，此刻我认为我是幸福的，我的青春因为有这帮可爱的孩子们而精彩，特别是我的703班、804班、904班以及我产假回来第二轮所教的孩子们。在这里我想说："和你们相遇，是我的幸运。"

2016年的夏天，开启了我人生的新篇章，来到了黄岛区第十六中学，认识了你们在座的每一位。17年，根据学校安排成为3班的班主任。其实我感恩我的这次机遇，这样更能让我亲近，了解他们其中的每一位。在这近3个月的时光里，我们风雨同舟，相互扶持。3个月的时光，有我对他们的作业、他们的行为、他们的成绩的严厉训斥，同样也有一起在教室里欢声笑语的搞笑时刻。能成为他们的老师，我是幸福的，他们尊重我，心疼我，更懂我。703班的孩子不时地感动着我，他们几乎全班都给我画了"小叮当"，只因为我喜欢这个动漫形象。所以孩子们的世界是单纯的，是善良的。我虽是他们的老师，但也成了他们的朋友，他们愿意与我分享，我也愿意去聆听。孩子们说我心细，注重观察细节，其实我想说的是我是在乎你们，不想错过你们的点滴，只因为你们是我从教以来的第一批学生，我的青春因有你们而绚丽多彩。

2018年经历了分班，我成为804班的班主任。这是一个团结奋进的班级体、一个温馨和谐的大家庭。"求实四班，意气风发，团结互助，宁静致远"是我们的班级口号。"勤奋、诚实、礼貌、守纪"是我们的班风班貌。我们班有三十四颗火热的心，三十四张充满稚气的脸，我们手拉手，肩并肩，前方无论怎样，我们风雨同舟。

兵将教学，创新求索。上课时，我们"组内合作""组间竞争"，紧盯黑板的一双双眼睛，闪着我们渴求知识的光芒；下课后，簇拥着老师的一双双眼睛，闪着我们孜孜不倦追求真理的光芒。对于学习，我们从不懈怠；对于真理，我们永不止步。

把握今朝，奋斗青春。青春是一种令人羡慕的资本，青春因奋斗而精彩，有了奋斗，青春才会飞扬，有了拼搏，青春才会美丽。把握青春的每一刻、每一分、每一秒，请相信"将来的你一定会感谢现在拼命的自己"。

"十根手指有长短，荷花出水有高低！"在一个团体中，个体差异总是客观存在的，尤其是在班主任工作中，我们经常会面对一批"后进生"，那么请问各位老师还记得我们入职的誓言吗——不放弃任何一个。还记得我校每周一的升旗誓言吗——因材施教，勇于创新。面对这些后进生，我想说请别嫌弃他们。俗话说："差秧苗也能长出好谷子，"关键得看我们怎么侍弄，"差秧苗"只要侍弄得科学、周到，同样会有好收成。

还记得我们班有这样一位孩子，其他科都不学，就学我的数学。我觉得并不是我班主任的威严导致他学数学，而是因为我深深地走进了孩子的心里，他在生活上、学习上都很依赖我、信赖我。同样我也很信赖这个孩子，我将他当作弟弟一样对待，希望我对他的帮助让他长大后回想起时能感受到一丝温暖。就这样，这位孩子从初中毕业三年有余，我们现以姐弟相称，他时而来我家，时而电话互相问候，时而帮我看看孩子，很荣幸我多了这样一位弟弟！

2019年老师待产，感谢你们来医院看望，感谢你们中考后当晚的一个电话："老师在家吗？想去看您！"何其有幸，能让你们如此深爱。

2020年老师产假结束，再次启程我热爱的这份教育事业，从新结缘一批新的小伙伴们。稚嫩的笑脸，笑起来是那么让人温暖。这一年我们经历了疫情，我们共同奋斗，携手闯过难关。网课你们求知好学，开学后你们的一句"老师，好想您"，让我觉得一切付出都是值得的。

2021我们经历了分班，老师对你们各种不舍。感恩你们和我拍照留念，感恩数位家长对我的肯定："老师，想让您教我们的孩子""老师您能帮我劝劝孩子吗？她想和您一班！"

我想，这是冥冥之中注定的一场缘分，这是悠悠岁月里安排的一次回眸，这是我们上一辈子彼此的约定，这是上帝赐给我们恩惠，好幸运有你们一路相伴！

　　有位作家曾这样说过："花的事业是尊贵的，果的事业是甜美的，让我们做叶的事业吧，因为叶的事业是平凡和谦逊的。"的确，教师的岗位是平凡的。数年的教学时光，在滔滔不绝的讲课声中，在埋头批改作业的笔尖，在上课铃与下课铃的交替声中不经意地滑过。我，也从一个懵懵懂懂的学生，成长为一名幸福的数学老师。我深知自己肩负的责任与使命，我将继续努力，脚踏实地干好本职工作，不争不抢，贴近学生。我一直坚信："越努力越幸运"，为做一个合格的人民教师奋斗终生！

润物无声，静待花开

——"一生一案"实践应用

青岛市中心聋校　杨玉亮

转眼间，我已经在青岛市中心聋校工作3年，和可爱的听障学生们亦师亦友的情谊延续至今。2019年7月，我有幸成为一名聋校高中语文老师，站在三尺讲台面对这群特殊的天使们，之所以我从刚开始迈入社会的小白的那份忐忑成长为现在教书育人的满腔热血和激情，对学生可以实施分层和一生一案的教学，是因为这群可爱的孩子们给了我满满的动力。他们用爱感染着我，而我只能倾心共育，陪伴他们成长。

前几天语文课上，我请小宋同学回答问题，她从凳子上利落地站起来，干脆清晰地表达着自己独到的见解，这在旁人看似轻而易举的举动，实则背后是我们日复一日尝试和练习结出的果实。

2019年，小宋刚升入高中部，成为高一（1）班的一员，恰巧这又是我接的第一个班。当我第一次上课时，全班12名学生热情地向我打招呼，只有她静静地坐在教室的右后方，一脸严肃地望着我。目光交接后我微笑着，但她毫无反应，这让我有些许尴尬。接下来在自我介绍环节时，其他同学都比较详细地介绍了自己的身份、兴趣爱好、性格等等，但小宋只是简单介绍："我叫宋硕，大家都认识我。"这短短的一句话让我第一次觉得这个孩子性格可能相对"高冷"，可能需要我在课堂上额外关注。

起初，我发现上课提问时，小宋的表现经常是说几个字就放弃或者站起身直接说自己不会让我找其他同学回答。有一次下课后，我刚走出教室，她追上来对我说："杨老师，可否以后不要提问我？我真不想回答问题，何况你也看到了我回答得并不好。"听到这话,我心头一震,回到办公室后内心久久不能平复:难道就任由她如此?她才刚上高中,还有近三年的相处时光,就让她在语文课上"遗世独立",无法真正体会融入课堂的快乐吗?经过一番思考,我默默地做了决定:不行,我要陪她一起改变,我要让她在课堂上"说话"。

于是我向班主任悄悄地了解了她的基本情况:小宋出生在普通的二孩家庭,家里还有一个健听弟弟。无疑,她的父母将更多的爱给予了弟弟,对她关注较少。小宋来聋校之前是在普校随班就读的,由于听力障碍,性格孤僻,她并不受同学们的待见。据说,她因为自卑导致她说话声音小,发音吐字不清。但由于她的听力在听障学生里较好,加之喜欢阅读各类小说,所以语言发展水平较高,表达能力并不弱。

理念是行动的指南。据此,我开始回忆大学期间所掌握的教育学和心理学相关理论,最终确定了多元智能、自我效能感和人格发展八阶段三种理论学说。于是,在这些理论的引导下,我对小宋开始了漫长的陪跑过程。

针对小宋的问题,结合上述学说我为她制定了专门的教育目标,规划了实施举措。

小宋的长期发展目标是三年后能主动回答课堂问题并自愿在班级公开演讲。长期目标的实现并非一朝一夕,需要一点点积累,走一步再走一步,所以我又为其制定了循序渐进的短期阶梯目标。

第一,她在课上能接受提问,回答简单的问题,且语句完整。

第二,她能够参与课堂讨论,在小组交流中发言,且语句完整。

第三,她能够接受被安排的演讲任务,并在全班进行时间不少于1分钟的演讲。

第四,能够主动接受或者自愿进行不少于三分钟的班级演讲。

制定了发展目标便要开始行动。

每个学生都有无限的发展潜能,加德纳的多元智能理论强调每个人都有九种智能。所以教育要扬长避短,于我而言,起初要通过多种途径找到小宋的优势智能,加以充分利用,促使其发展成长。于是,我与小宋进行启发式的聊天,但内容不会涉及学习。聊天内容涉及很广,实际上是想通过聊天找到她的兴趣点。

经过我俩聊天以及与家长的沟通，我了解到她很喜欢摄影，而且摄影水平较高。于是我就围绕摄影主题搜索尽可能多的资料和她沟通，例如拍摄的技巧、拍摄的主题、照片的美化……

一个多月后，小宋已经基本接纳我们间的技能"切磋"，我们聊天的内容也多了起来。例如，她有时会关心我一天的工作安排，有没有对象一类的问题。当开始聊这些时，我便知道我的机会来了。我开始旁敲侧击地聊学习，但会注意分寸，一点点试探，一旦其有厌倦心理马上停止。如此循环直到她可以基本接受学习话题。

渐渐地，我开始和她聊学习上的种种，在聊天时，我尝试引导她发现自己在学习上存在的问题。小宋起初没有认识到这个问题的重要性，只是随便说了几句，但一次、两次……多次后，小宋对此的理解逐渐深化，我趁此机会告诉她学无常师，为道是求，鼓励她与其他同学多交流。

当她真正意识到问题时，我建议她尝试着在课上表达自己的观点，告诉她："我希望你可以举手回答或者我安排你回答时不要直接拒绝。"她同意了。我就开始对她提问，问题很简单。一次，两次，三次……终于，小宋开始在小组讨论中开口表达自己的想法，尽管不一定准确，但是有一点点的进步，足矣。

在她开始小组发言后，我鼓励她尝试班级演讲。起初她拒绝，说"我不行，我说话声音小，有点害怕"。我安慰并告诉她没关系的，老师第一次上台讲课时也很忐忑，拿出初生牛犊不怕虎的勇气，相信自己，她点头同意。行为主义心理学家班杜拉先生提出的自我效能感强调：人们对自身能否利用所拥有的技能去完成某项行为的自信程度会深深影响个体的行为。而这种自信正是我对小宋或者小宋对自己产生自信和影响力的重要源泉，所以我选择一次次相信并一次次鼓励她尝试。

竹子开花节节高，她演讲时间从开始的二十多秒、一分钟、两分钟……直到现在达到既定的目标，能够站在同学们面前，主动对话甚至侃侃而谈。其实小宋不太合群，起初和同伴们交流甚少，这并不利于她的心理发展。埃里克森人格发展阶段论表明，每个人一生要经过八个成长阶段。而现阶段的小宋处于青春期，青春期被称作人生心理断乳期，它的发展任务是建立同一感和防止同一混乱感。我需要帮助她解决好这个矛盾点，让其体验忠诚的实现。因此，同学们这些暖心的举动无疑拉近了小宋和大家的距离，同伴们的温暖让其融入其中，她也逐步建立了自身同一感。

在这个过程中，我的角色不仅是老师，更是朋友，一次次鼓励陪伴，看她一点点成长。从前那个腼腆的女孩开口"说话"了，迈出了自己人生重要的一步。

前几天闲聊时，她第一次表达了对我的感激，袒露了很多。我很欣慰自己的行动得到了回报。一个学生的发展是全方位、全过程、全员参与的，这样才有更大发展的可能。

教育家马卡连柯曾言：教育过程的辩证性要求教师必须对整个的方法体系有充分的注意，方法体系本身永远不应当是死的东西，不应当是凝固的东西，它应当永远变化着，永远发展着，尤其是因为儿童在成长着。特殊儿童发展的个体差异性极大，作为特教老师，理应在充分了解学生的基础上做好"一生一案"的制定、实施、调整、再实施……全员育人和IEP是为了不让每一个特殊儿童掉队，是促使他们成长的重要举措。虽然这群孩子们不能送来一声声清脆的"老师，您好"，但他们会真诚地爱我们。而我能有幸陪伴他们成长，那愿我这流萤之火，能够搭上这校园的星光，极目苍穹，静待花开。

困难面前　没有谁能够置身事外

——写给2019级1班的家书

青岛市崂山区育才学校　孙　超

题记：2020年的那个除夕，一夜之间，武汉封城，整个中国被他们震惊了。00后的孩子们也是第一次有了宅家、上网课的经历。虽然隔着屏幕，依然阻挡不了对孩子们的牵挂，于是我便有了这封饱含情谊的家书。

亲爱的娃娃们：

大家假期过得还好？有没有想念学校的老师和同学们呢？估计有些家伙的将军肚又挺起来了吧？但是我相信每天坚持运动打卡的同学，一定能够合理安排自己的学习和运动时间，在这个特殊时期既增强了体质，也能在学习上实现弯道超车。

因为一个叫作新型冠状病毒的东西，让我们过了一个假年……各家各户门窗紧闭，出去走走这件看来很平常的事情却成了一种奢侈；原本居高不下的猪肉价格没有涨起来，却让口罩一只难求；一批批全国各地的医务人员纷纷赶往疫情最为严重的武汉，舍小家顾大家，成为这个时代最美的逆行者；国家公务人员走出办公室，干起了电话联络员、看门大爷的活，冲在一线为人民保驾护航……苦难面前，谁能置身事外呢？

看到一个个增长的确诊数字，那是一个个生命的别离，那是一个个家庭的焦虑和破碎。一开始我们是心怀抱怨的：那些不知死活的人，吃什么野生动物？你可知因为你图一时嘴上之快，却把自己的亲友与同胞推向了深渊？我们痛恨某些政府官员，为了一己私利，不信"哨声"，掩盖事实，让整个中华民族陷入危险的境地。可是后来我们发现，一味的抱怨于事无补：地图上一块块不断加深加大的区域，预示着这场战役的严重性和可怕性……中国的经济受到了史无前例的下行影响。于是我们发现有许许多多的普通人选择了面对困难，承担责任，因为他们知道没有谁可以置身事外：80多岁的钟南山院士亲自挂帅南下；用于收治患者的火神山医院几乎是一夜建成的；支援武汉的各地医疗队员，主动请缨，临危受命，无论生死，不计报酬，奔赴疫区。中华儿女团结一心，共同抗疫。

诗人约翰·邓恩曾说过：没有谁是一座孤岛，在大海里独踞，每个人都像一块小小的泥土，连接成整个陆地。国家有难，匹夫有责。大到一个国家，小到一个班级，又何尝不是这个道理呢？说实话，从接手我们整个班级开始，我的焦虑就没有停止过，往日的自信与从容不知到了哪里，终日被几个调皮捣蛋的娃娃们整得焦头烂额，一会打个架，一会带个刀，一会因为纪律不好整得老师讲不下课，游戏卡游戏机屡禁不止……和孩子聊天、单人单桌、约谈家长、家访、帮他们找师傅、找竞争对手，凡是我能想到的办法一一试了个遍，效果却极其微小。本来是班级领头羊的娃娃们，似乎也没有那么大的学习积极性，也没能吸引住足够多同学的目光，反而那些调皮捣蛋的娃娃在班级里面却很有市场。上课纪律无法保障，这就是一个班级的硬伤。家长抱怨："你说我孩子以前挺好的，怎么就分到了现在这个班了呢？"老师们也抱怨："教这么个班就是砸招牌啊，出的力一点也不比别的班少，怎么就不出成绩呢？"对于老师而言，是东方不亮西方亮，吃苦受累最多三年；对于学校而言，学校尽力让每个班级均衡发展，五个手指都不是一样长，可是做家长的都不希望自己孩子所在的班级是指头最短的那个。有些有二孩的家长，觉得老大不行，培养老二。似乎大家都有理由去抱怨，似乎大家也默认了，孩子们也就默认了。一味的抱怨就是选择认命，一个班级出现问题，没有哪个家庭可以置身事外、不受干扰。但我相信有更多的孩子想要好，想要在这最美好的年华里无愧于己，毕竟号称比高考还难的中考人生中只有一次，无法重来。我相信有更多的孩子对学校有感情，那是从稚嫩到蜕变的磨练场，那是要度过人生最宝贵的九年的地方。我相信有更多的家长把自己的孩子当成唯一，要用自己的一生去保护她、爱护她，不允许她受一点点伤害，他们知道现阶段对孩子最大的爱就是支持学校的工作，认真听取每一位老师从专业角度给予他们的建议，陪伴助力孩子的成长。我相信更多的家长是有责任感和使命感的，他们愿意在力所能及的范围内给予同班家长和孩子以帮助、给予老师和学校以帮助，因为他们知道只有家校合育，才能开出幸福之花。

娃娃们，家长们，让我们停止抱怨，一起行动起来吧！我一个人的能力是有限的，学校的能力也是有限的，但是我身后这50个家庭的力量却是无限的。我坚信办法总比困难多，如果我们的能力有限，那我们就先把自己的事情干好，看好自己的孩子，戴好自己孩子的"口罩"，争取别给班级、学校添乱；如果我们愿意为班级服务，有责任和担当，欢迎大家积极献言献策，造福我们的孩子。有国才有家，班级也是家，我爱我的家。

我期待家长和娃娃们给我的回信哟……

爱你们的Sally

积分制实现班级管理双赢

平度经济开发区厦门路小学　尹国华

　　"积分量化管理运用到班级常规管理"（以下简称积分制）是一种关注学生成长、关注学生进步的方法。它依据学生成长目标，科学地为班级常规的每一件事制订分值，并为每一个学生提供一个可以展示自己的平台，让学生自己主动去找正确的事做，从中感受成长的快乐，由点到面地激发学生学习和生活的积极性。积分是学生全面发展的量化指标，学生不管在哪方面做得好，只要有进步，只要为集体作出了贡献，就可以得到积分。有些学生开始时可能是为了积分而学习、做好事、做好人等，但最终会因常做这些事而养成一种习惯、一种良好的品质，这也就达到了素质教育的目的。

　　将积分制运用到日常班级管理中，可以避免因总是对学生直接命令而忽略学生主动性的培养，也可以避免空喊口号，最终消极面对问题。积分制不仅有利于班级的管理工作，也更有利于各学科教育教学工作的落实和执行，做到"掷地有声"。通过积分制，能够更加全面地评价学生。

　　积分制的实施是一个长期的、需要共同约定的过程。因此，在实施初期，首先需要制定积分制的各种细则。

　　积分制的实施要有明确的目的和要求，这是积分制实施的前提。这需要班主任做到以下几点：

　　1. 在学期初最重要的就是分组，从组内学习的平均水平、男女比例、组员人际关系以及帮扶对象的搭配角度多重考虑，最终将全班分成七个大组，包括组长、副组长、第一组员、第二组员、第三组员、帮扶对象共六人。组与组之间水平相当，这样更具有竞争力。

　　2. 班主任要和学生共同交流和探讨积分细则，提出具有可行性的积分措施，并在班级内进行公示。像我们班，在开学的第一个周，我们利用班会课讨论积分制的细节，同学们群策群力，一起讨论：在班级管理方面，哪些方面应该加分，加多少分？哪些方面应该减分，减多少分？具体加减分的规则"从学生中来，到学生中去"。这样做既充分尊重学生的想法，又引起学生的重视，有利于让积分制形成制度以保留下来。

3. 在积分制的制定过程中，要全面考虑到每一层的学生，因材积分，不能让学习成绩好的同学积分高得离谱，也不能让后进生一个学期也积不了几分，这样就失去了积分制的意义。

4. 积分制的实行要简单，有制度就要实施，但过于复杂的制度实施起来难度会增加，尤其是现在的工作都比较忙，在具体实施过程中会更加麻烦，容易导致中途而废。方便易行是教学管理中必须要考虑的因素。

针对以上几点，我们班这学期共同探讨决定从以下六个方面来进行小组积分：各学科的课堂表现、家庭作业、彩色作业本、知识检测、优生帮扶、学生任职。

具体细则如下：

1. 对于各学科课堂表现，做到以下几个方面各加1分：

（1）主动举手发言并具有一定的见解的。

（2）敢于纠正同学们的错题并提出正确答案的。

（3）班级中能解决聪明小屋并讲解出来的。

（4）小组讨论中，敢于展示正确成果的。

（5）课下善于讨论问题，并能解决出来的，团队成员每人加一分。

2. 有奖励就有惩罚，因此，如果有同学犯错，每人每项扣一分。

（1）扰乱课堂秩序，尤其是影响到别人学习。

（2）家庭作业。每次作业（包括新课堂和练习本）全部做对，加1分，全对并且字迹美观加2分。一次作业出错过多，扣1分；不及时上交作业，扣1分；不及时改错，扣1分；作业有抄袭现象，扣2分。这样做的好处是：一是让学生体验"付出就有回报"，认真对待学校的每项作业，养成按时完成作业和及时改错的习惯；二是给学生创设一个互相学习的平台，看到自己的差距，扬长避短。

3. 彩色作业本。每天都会在彩色作业本上分层检测当天学习内容，全对加1分，错了且不改扣1分。

4. 知识检测方面。本学期遇到的各种检测，A加1分，A+加3分，满分加5分。鉴于学困生取得学习成果比较困难，所以对后进生、学困生等的要求稍微调整，以第一次的测验结果为基准，进步加1分，进步成绩比较大的可以加3分。这样非常有利于提升这类学生的积极性，使他们的学习更有动力。

5. 优生帮扶方面。分组的时候，每个组里都有后进生，后进生由大组长负责，进行一对一帮扶，主要是对基础知识、数学思维的帮助。如果帮扶对象有进步就加分，有进步加1分，进步较大加3分，进步巨大加5分。平常抽查如果没有帮助就给小组积分扣1分，不进反退也会适当扣小组积分。

6. 学生任职方面。班级中有班长、副班长、卫生委员、体育委员、大组长、安全员、防疫监督员等职务，每周每个职务加3分；在工作中出现失误，每次扣除1~2分。

积分制不仅仅是在积分，最重要的环节是进行监督。在学期初，每个大组长都会得到一本积分本，由大组长保管，每名组员占一面，并记录本组成员的各种积分，要有加有减，还要记录被监督组的成员积分情况。另外，积分制还要与学校的红领巾争章手册相结合，组与组的竞争用积分制，组内竞争用红领巾争章手册，一分就是一个自律章。

教学积分制的成功与否很大程度上取决于制度是否落实。因此，教师要把主要工作放在积分过程的监督上。教师不定期进行审查，为了保证真实记录积分情况，对虚假积分应加倍扣分。

最后，进行成绩总结，落实考核结果。

这是积分制管理的意义所在。表扬先进，鼓励后进，进一步激励学生。还可以把最终积分作为评选优秀班干部、三好学生、德育少年等评比的根据，全面地考察学生，公正、公平地评价每位学生。也可与周末、寒暑假的弹性作业量挂钩，学生的得分积极性也就会空前高涨。

积分制对我来说是数学教学管理的一个载体，它承载着我对学生全部的爱、关心、耐心和精神激励，这是公平公正的体现，是学生努力、勤奋的见证，是学生积极向上的不竭动力。这种管理模式，实质就是自我约束，放手、放心地让学生去自主学习数学，学生做事、学习的标准不降低，学生的学习成绩和素质发展不下滑。通过每周小结，每月小结，还能培养学生注重反思、明辨是非的能力，知道哪些事该做，哪些事不该做，碰到问题该如何解决改进。一段时间下来，我发现积分制在潜移默化中影响、规范着学生的行动、思想和言行，收到了一定的成效。

成长需要激励，学生期待老师公正、公平地评价和积极地肯定。积分制既鼓励了优秀生，又激励了后进生，让学生拥有了良好的竞争意识和向上进取的品德，培养了学生的创新能力和实践能力。

"爸爸"札记——与孩子同行同学同乐

青岛市崂山区登瀛小学　于　洲

> 一声"爸爸"，让二十出头的我，顿时热泪盈眶。
>
> ——题记

从事教育事业已有六年之久，对于漫漫教育之路而言，虽然时间尚短，但举手投足间，收获已俯拾即是。我也渐渐从一名初出茅庐的新教师，到如今可以独当一面。每每见到班里孩子们的成长，我满心慰藉。"好雨知时节，当春乃发生。随风潜入夜，润物细无声。"不识春雨，难解春光，不入心田，难触心灵，与孩子同步同行，同心同德，教导学生的同时，也意外地收获了一批"小天使"，他们用行动诉说着蜕变，破茧成蝶，而我也在翘首期盼着他们的依米花开。

入职伊始，班主任工作的冗繁，时常压得我喘不过气，学生的言行举止要逐一规范，日常习惯要逐一修整。作为一名男班主任，对学习、生活上的相互兼顾，我总觉得心有余而力不足，日常说教虽是管用，作用却只停留一时，要做到"安其学而亲其师，乐其友而信其道，是以虽离师辅而不反也"谈何容易，我时常为之苦恼。常言教育是一门艺术，以艺术的形式浸润教学——恰逢其时，一声"爸爸"，让我恍如醍醐灌顶，幡然醒悟——与其对孩子发号施令，倒不如身体力行来得更加直接。亲近学生，与他们同行同学同乐，收获不一样的精彩教育人生，也意外地收获了一声声"爸爸"。

一、注重教与学不分家：与孩子同学同写同思索

教师之意，所谓传道授业解惑者也，而今随时代之变迁，教师的身份也更

迭不停，育人者、传授者、交心者、榜样者……此类身份循环不止。我们作为教师，如何真正融入学生的生活之中，与学生打成一片，让学生"亲其师，信其道，乐其学"，这是我们该潜心思索的问题。

1. 与学生同学

"独学而无友，则孤陋而寡闻。"

"我最喜欢老师您陪同我们一起学习的样子。"这是班里一个小女生对我说出的肺腑之语。与学生同学，课堂不再是教师唱独角戏的阵地，我会定期与学生同学一门课程，这门课程既可以是课程之内所学的，例如，每天与学生共同分享成语故事，共同学习一篇古诗文，亦可同学课程之外的内容。例如，与学生同读一册书，或是了解中国传统文化，学习舞龙舞狮等，在共同学习中既增长了学生的见识，寓教于情，寓教于心，也将师生之情孕育在无形之中。

2. 与学生同写

"其身正，不令而行；其身不正，虽令不从。"

我极少因为学生的作业情况而苦思，这份自信来自长期与学生的同写举措，无论是生字、练字作业，抑或是班志、日记，我都会与学生齐头并进，一同完成，每每拿起笔在四线方格本上挥洒自如，孩子们在一旁钦羡地看着我的本子时，我只需相机引导一句，"只要你们多加练习，端正姿态，便可以很快赶超老师"。他们便会重振旗鼓，以我为竞争目标，努力超越。此刻的我，更像是一个榜样。有了动力，学生们的作业质量也不在话下，他们时常会开玩笑地拍着我的肩膀来一句："您看我写得比您棒了！"

陪伴学习，陪伴作业，让学生在无形中提升了学习效果。

3. 与学生同思考

"水本无华，相荡乃成涟漪；石本无火，相击而发灵光。"

定时举办一场辩论会，让思想碰撞，时常会激荡出火花一片。每个学生都是独立的个体，对同一个问题会有独立的思考与不同的见解。而此时的我们，作为一名教育者，切不可以偏概全，要学会倾听，透过学生的思考方式，去感受学生真实的思想与心理，对学生有更为深刻的了解与认识，继而在日后的教学生活中予以启迪。像爸爸一样对孩子了如指掌，因材施教，学生哪有教不好的道理。与此同时，我们也要发表自己的见解，让学生了解我们的所知所想，增进思想上的交流，更有利于增进两者之间的融合。

像爸爸一样对孩子了如指掌，因材施教。与学生同思考，保持步调一致，互不掉队。

二、注重非教学因素：与孩子同玩同做同交流

1. 与学生同玩

"独乐乐，不如众乐乐。"

班主任工作，不仅仅止步于教学环节，学生日常的学习、生活习惯都在无形之中得以熏陶，班级是一个家，我们作为"家长"，所做的既要有学习上的辅助，也要与学生共同参与日常的娱乐，我会抽空在周末时间带领学生外出游玩踏青，走访名山大川。校园之内，利用闲暇时光，以一颗未泯童心，同孩子做老鹰捉小鸡、123木头人等娱乐活动，孩子们似乎很喜欢我的加入，而我也乐在其中，正所谓："独乐乐，不如众乐乐乎。"

2. 与学生同做

"良师益友，不仅是良师，更是益友。"

学校的各项比赛展示，是班级凝聚力提升的重要途径。我们作为班主任，切忌高高挂起，孤立之外，更不可独断独行，而应有歌一起唱，有舞一起跳，与学生共同商讨，让每一位孩子参与其中，出谋划策，倾心倾力，哪怕是带着孩子一起在一旁击鼓呐喊，也是一种情感的提升，像爸爸一样参与到孩子每一项的成长阅历中，无论结果，看重成长，同品酸甜苦辣咸。

我校是足球明星学校，学生足球热情高涨，我便以球会友，我班四名学生作为主力获得了女子足球"区长杯"冠军、"市长杯"季军的成绩优异。师生忙里偷闲，放松身心，而"亲其师，信其道，乐其学"的真谛便也在无形之中慢慢积淀。

3. 与学生同交流

"教育就是一棵树撼动另一棵树，一朵云推动另一朵云，一个灵魂唤醒另外一个灵魂。"

陪伴是最长情的告白，若是放在教学上便是"陪伴是最好的教育"，我们作为教师，不要总想着如何给他们戴上紧箍咒，想方设法去束缚住他们，而是

应该换位思考，从孩子的角度想一想他们会喜欢什么样子的老师，试着换一种他们乐意接受的方式进行教育，与他们常交流，想想如何给他们拿下金箍，还能让他们一如既往地好下去。

"一个男老师管得比我还要细。"我想这是家长对我工作的认可。我与学生常作"亲情式"的交流，天气变幻，我及时提醒加减衣服；对孩子的进步大加赞赏，出现问题及时沟通，打破师生芥蒂；做"知心爸爸"，利用班记的有效形式，互换秘密，让孩子说出自己的心声，疏通心结。这些小小的细节往往能带给他们深刻的印象，一位自幼丧父的后进生在放学途中对我说："于老师，您常常放在我肩头的手，让我想到了我的爸爸……"倏忽，我顿然泪目，泪眼婆娑中，我看到了他的面庞也同样挂着剔透的泪珠，"爸爸……"那一刻，我们的泪珠似乎融合了。我想这是从教后最好的奖励，通过交流以心换心，师生关系上升到了"亲情"，他也更愿接受我的指导。他从刚接班时一个自闭的孩子变得阳光，充满正能量，而此后的我真正担起了爸爸的责任，常伴他左右，与他交心，做着爸爸做的事。

与孩子同学同写同思索，同玩同做同交流，以心灵触碰心灵，以精神撼动精神，以微笑交换微笑，让小学时光成为他们一生最美的年华——收获满满而富有情趣。一声"爸爸"，让我理解了"一日为师终身为父"的真谛，一声"爸爸"，让我感受到了教育的意义。感谢这份教育事业，我将继续前行，叙写教育上的诗与远方，让微笑化作阳光，滋养每一位孩子的心田。

叩问课堂

课堂，师生共同的战场

教师既是教学过程的设计者，也是学习过程的指导者；学生是学习活动的真正主人。如何有效进行课堂教学，是每一位教师终身都要修行的科目。

有效课堂应该做到"五个有"：

心中有学生、有效率、有意义、有智慧、有待完善。

有效课堂要力求做到：确立目标不忘"人"；处理教材善于"变"；选择教法突出"疑"；安排教程强化"动"；创设氛围享受"乐"。

好的课堂应该能让学生主动参与，整个教学过程生动有趣，师生都感到快乐幸福。

浅析构建高效初中美术课堂的策略

平度经济开发区香店中学　刘继斌

教育的目的不在于传授知识而在于唤醒。当前，在升学率高追求的背景下，初中美术课程多采用灌输式教学方式，学生的兴趣和自主性被严重忽视。在此背景下，构建高效的美术课堂势在必行。高效美术课堂是指在有限的时间内发挥最优的效果，即向课堂要效果、要效率。

一、构建高效的初中美术课堂的意义

（一）激发学习兴趣，调动课堂氛围

孔子曰：知之者不如好之者，好之者不如乐之者。高效的美术课堂目的是：调动学生的学习乐趣，使学生在学习中积极主动，将情感融入课堂，从心理上热爱学习。对学生而言，美术作为一门艺术性学科，不仅可以用艺术的形式缓解初中阶段文化知识学习的压力，而且还可以提高学生自身的文化素养。在传统美术教学中，因过分强调升学率，多采取灌输式教学方式。学生作为独立的个体，学习乐趣和自主性被磨灭，学生只是被动接受，致使学生在欣赏·评述课上被动地听，缺少自身的见解，阻碍了学习者自身素养的提高。学生课堂缺少自主性，教师灌输式教学，使学生缺少与老师的共鸣，缺少与教师所讲内容的共鸣，致使课堂枯燥无味，味同嚼蜡。

（二）构建高效课堂，完善教学目的

初中美术教学的目的是引导学习者在艺术作品中感受美、体验美、创作美，通过独特的方式传递自己的思想和情感，因此，美术课程要依据课程标准积极构建高效课堂，在有限的时间内，发挥最优的效果。1. 合理利用美术课时间，在课堂教学过程中，规划课堂安排；2. 根据课堂教学目标，结合学生的发

展情况，分层安排教学任务；3.学习者关于知识的掌握情况受教师教学效果的影响。教师在教学中可通过多元化教学方式，调动学生的学习兴趣或提高学生的自主性，培养学生的创作力和想象力，使学生积极主动地参与到课堂中来，最后达到教学目的。

二、现阶段初中美术课程存在的问题

（一）教师整体素质不高

教师是人类灵魂的工程师，是教学的组织者、领导者，对青少年一代的发展起关键作用。当前，由于教师的老龄化、学科教师不均衡等原因，很多美术教师被迫担任其他科目的教学任务。这就阻碍了普通中学美术教师的专业发展，造成新老美术教师交流受阻，使老教师无法更新美术观念，使新教师无法将所学发挥出来，造成新老教师素质得不到提高。

（二）教学方法单一，教学资源缺乏

由于学校对美术课程的重视程度不高和美术教师的整体素质良莠不齐，美术教师的教学方式缺乏创新，一直停留在传统教学方式上，只是单纯对美术知识和技能进行讲解。从学生的需要层次来讲，属于较低层次的需求。学生的需求得不到满足，课堂教学缺乏趣味性，课堂死气沉沉，美术课程流于形式。学校对美术的重视程度不高，学校的美术资源不足、美术教学设备简陋，教师无法合理利用各类资源营造良好的课堂氛围。

三、构建高效美术课堂的策略

（一）创建教学情境，打造高效的兴趣课堂

初中美术教学受升学率和其他因素的影响，学生对美术课程的重视程度不够，觉得美术是艺术生应该主要学习的内容，对美术缺少心理认同感。兴趣作为学生学习的内在动力，能推动学生对美术的重新认知，发现美术学科的独特魅力。在美术课堂中利用情境教学，对培养学习者的自主学习能力、学习乐趣和营造积极的课堂氛围具有重要的意义。为营造有效的课堂氛围，教师要明确教学的现实情况，明确教学目标，明确学习者的特点和需要，从学生发展的特点和个性、兴趣出发，结合教学内容为学生创设有效的教学情境，给予学习者

充足的时间和空间。

以问题为导向，将学习者引入教学中，引导其进行知识的建构。设置问题情境可在教学前、教学中、教学后。例如，在讲授《创意的字》一课中，可以通过提问题创设问题情境。"我们可以通过哪种方法对你最熟悉的字或词进行有意义的文字设计"。在问题情境中，学习者将问题与已有的知识相互融合再创造，自主性得到充分的展现。同时，教师在讲授前，要搜集、整理与本节课有关的生活常识，拉近课本知识与学习者之间的距离，调动学习者的学习兴趣。

（二）全面提高教师能力和素养，打造丰富多彩的高效课堂

教书育人是教师的职责，教师不仅要具备精湛的教学能力，而且要拥有高超的育人水平。教师在教学中的教学能力和教学素养是构建高效美术课堂的基础。

第一，教师能力要精湛。作为一名初中美术教师，上课是第一责任，教学能力是第一能力。教师要开发和利用各种地方教学资源、网络资源、学校资源，参加本学科教研活动，为能力提升打下坚实的基础，听优秀教师的经验交流和总结，看优秀教师课例、教案，写出自己的感悟并尝试应用到自己的教学中。"教无定法，贵在得法。"

第二，育人水平要高超。初中生进入一个新的阶段——青春期，心理转变十分频繁，价值观还未定型，最需要尽心的指导和教育。作为一名美术教师，不光要给学生讲授美术文化知识，还要推进习近平新时代中国特色社会主义思想进课本、进讲堂、进头脑，指导学习者树立正确的人生观和价值观。

（三）创新评价方式，打造全体参与的高效课堂

教学评价作为教学过程的重要环节，对培养学生的学习乐趣和调动学习主动性，打造高效的美术课堂有重要的作用。传统美术教学受升学率的影响，忽视了学生情感态度、价值观的培养，使评价失去应有的价值。

在教学中，要充分认识到评价的重要性，用多元化评价的方式，增强学习者学习美术的知识和进行美术创作的积极性。1. 善于激励，增强学生的成就感。激励对象为学业优秀或学习态度优秀者，激励的人可以是教师、其他学生个人或者小组，以此激励学生的积极性和主动性，让学生参与到课堂中来，提高教学质量和教学效率。2. 善用发展性评价，促进学生不断进步。初中阶段是

学生身心发展的重要阶段，学生在课堂表现或者在作业上易犯错，因此，要善用发展的眼光看待学生，及时发现学生在美术学习上遇到的困难，多给学生指导和帮助，跟踪学生的表现，做好阶段性评价。同时，结合学生存在的问题，及时调整教学方案和作业设计，深挖学生的潜能以及培养学生的综合素质。

3. 学生、小组之间互评，教师指导，提高学习者自身的评析能力。在美术教学中或教学结束后，要指导学习者观察其他学生的作品或欣赏自己的作品，欣赏作品中蕴藏的美，结合自己的理解和美术知识的掌握给予客观的评析。在互评中，学生个人或小组之间，利用自己掌握的美术知识分析个人或其他学生作品的优势和不足，学其所长，补己所短，相互激励，可以增加同学们之间的热情和动力，提升学生的美术素养。

高效美术课堂的建立要认识到传统美术课堂中存在的问题，了解高效美术课堂建立的目的和意义。针对课堂中存在的问题，提出最有效的教育教学策略，促进高效美术课堂的建立。作为一名教师，在今后教学中更应从学生的实际出发，设计教法、学法、教学过程，不断提高教学质量和效率，为学生的发展打下坚实的基础。

以主题游戏教学促进英语课堂思政

山东省平度师范学校　李伟伟

中等职业学校英语课程的任务是在义务教育基础上，帮助学生进一步学习语言基础知识，提高听、说、读、写等语言技能，发展中等职业学校英语学科核心素养。我与同事们在教学过程中发现，传统的英语教学大都是按照讲解单词——翻译句子——分析语法——做练习题——测试这样的程序来机械进行的，而这样做的结果比较适合应试的学生，不太适合学前阶段的学生。

一、幼师自身的素养

1. 幼师生源不佳。① 幼师学生入学门槛低，分数线大多在200分左右（中考总成绩是605分），学生的整体素质不高；② 在我校，很多学生都是来自农村，相比大城市里的孩子，他们的英语文化基础有些薄弱，不愿动口交流；③ 缺乏学习文化课的兴趣，精神世界空虚。

2. 课程的分配比例不均。幼师的学生大都能歌善舞、性格活泼，所以幼师的课程分配也偏向音乐、舞蹈、美术等艺术科目，语、数、外等文化课则比较薄弱，学生更是视英语为"陌路人"。

二、幼师英语教学的现状

1. 偏重语言知识教学，学生缺乏兴趣

传统的英语教学往往侧重的是词汇、语法、文章大意的讲解，而且多是题海练习，学生在一篇又一篇的"文字狱"中挣扎，早已失去了对文字的乐趣。一提起英语，就是枯燥乏味的单词辨析，长长的句子语法让学生不知所措，教师教起来也是很头痛，这样教学的效果可想而知。

2. 教师忽视了对教学技能的传授，学生处于被动学习的低位

在日常教学中，教师为了赶课时，常常是满堂灌，学生没有消化吸收的过程，更谈不上反馈，"培养"了学生懒惰的思维，久而久之，学生也就不再去动脑子，只是机械地、被动地照搬照做。课堂失去了活力，自然就没有动力，师生之间的交流也就寥寥无几。

3. 大班授课，教学方法单一，学生主动性难以发挥

知识讲授型的课堂，学生除了听，什么都做不了。一个班四五十人，即便有小组活动，最终也会成为成绩好的学生的独角戏，不可能照顾到每一个学生，使合作学习流于形式，造成了知识与学生个性不相容的局面。

4. 教师的职业倦怠

长期处于一种学习低压状态下，教师的职业热情也大打折扣，尽管可以做到知识讲解时的细致、周到，但师生间的互动已不多见，课堂如一潭死水，波澜不惊，没有生气。

从上述幼师学生的学习现状中不难看出，我们从事培养幼师的英语教师的确面临着较大的困难和挑战。但是无论现状如何，我们要做的都是如何逐渐培养学生对英语学习的爱好，如何使用适合幼师学生的教学方法来传授知识，如何提高教师自身的职业热情。正如巴甫洛夫所言，"学习要求人们最大的紧张和最大的热情"，只有调动起大家的学习积极性，才能更有效地突破英语教学的难题。

游戏教学法，简而言之，就是以游戏的形式教学，使学生在轻松的氛围中，在欢快的活动中，甚至在激烈的竞争中，不知不觉地学到教材上的内容，或者学到必须掌握的课外知识的教学方法。它是基于一个教育目的，根据教学设计的原理而设计出的一种完成特定教学目标、具有娱乐性和教育性双重特点的教学活动。

比如，在中等职业教育规划教材英语第二册Unit 5 "Transportation"的授课过程中，我们一起设置了关于"最佳导游"的竞赛题目。游戏设定：以小组为单位，共同推荐一个旅游胜地，收集它的相关资料（如交通、天气、地方特色等），最后要形成一幅地图，由本组的导游介绍给大家，并张贴在教室里进行评比，选出最佳导游。大家通过资料搜集、特色介绍、后续评比，不断加深

"旅行和交通"相关的词汇和句型的运用，这样不但可以圆满完成知识技能目标，也可以很好地将职业道德的思政目标顺利完成。Eg.（出示相关地图）

Transportation：

Driving from Qingdao to Mount Tai

1.（go straight）从起点向正西方向出发

2.（turn right）沿香港中路行驶270米，右转进入山东路

3.（turn left）沿山东路行驶3.5千米，左转进入鞍山路

4.沿匝道行驶310米，直行进入杭鞍高架路

Weather：

Monday：sunny，temperature −7℃~7℃，wind 3−4

Tuesday：cloudy to sunny，temperature−5℃~4℃，wind 3−4

3 days later：overcast，temperature−3℃~4℃，wind 3−4

本堂课的教学目标是引导学生认识地图，辨认某些常用交通标志，谈论出行方式。用灵活的游戏训练，更加贴近生活，服务生活。

再比如，山东省职业教育教材第一册 Unit 2 "My Family"是"人与人"主题下对"个人与家庭"的探讨，主题语境内容是认识自己的家庭，爱护自己的家庭。本课时则主要是让学生学习介绍家人的相关词汇和句型，掌握"be"动词用法，能用简单的语篇介绍自己家庭成员的信息，传达自己对家庭的热爱。在本课中，作者用一封来自外国笔友的信导入，引导学生进入课堂；再由一系列的课堂活动——头脑风暴家庭相关的词汇、词汇分类竞赛、我的小家、我眼中的大"家"，引导学生由课堂知识走近国家，认识到国强民安的意义。

通过在这样真实的学习情境中引导学习者解决问题，促使他们掌握各种知识、技能，同时，也有利于将这些知识和技能迁移到现实生活中解决问题。

我们在开展活动时要时刻关注社会时事政治，恰当地将时事热点问题、热点事件引入教学，增强学生的公民意识，提高学生明辨是非的能力，培养学生身在校园、心系天下的高尚情怀，这也有助于学生开阔眼界，把握世界发展走向，观察世界，分析世界，形成大局观。其关键是教师坚持社会主义核心价值观，核心是引导学生涵养大情操、大人格。

例如，目前全球应对新冠肺炎疫情，我们在讲社区与自然这个话题时就在

教学中让学生自主设计理想的社区生活，自己动手制作一些环保小道具，加深学生对"人类命运共同体"前瞻意识及中国大国担当的认识；培养学生的家国情怀、责任意识；教育学生独立思考，不信谣不传谣，珍惜学习时光，坚定信心，共克时艰。

总之，学生是英语学习的主体，英语教学应以学生的发展为中心，既关注全体学生的真实需求，又尊重学生的个体差异。在教学中，我们应依据学生的学习风格、学习经历、学习动机、学习兴趣、语言水平和学习能力，有效整合课程内容，选择适当的教学方法和教学模式，为学生提供多样化的学习选择，让不同类型、不同层次的学生都能享受到英语学习的乐趣，体验学习的快乐，使每个学生都能学有所得，促进学生的发展。

向内探索、向外生长

——试论心理教师应如何关注和培养初中生的心理健康

青岛市崂山区麦岛中学　张　钰

青春期是人生中身心发展最为迅速的时期，也是人格形成和塑造的关键时刻。心理健康教育也是提高学生心理素质的教育，是实施素质教育的重要内容。重视青少年的心理素质培养，已越来越成为全社会的共识。

作为学校心理教师，与学科教师培养学生的心理健康方式稍有不同，学校心育工作者的担子要更重一些，既要从宏观上把控大局，也要于细微处入人心。"一个人站成一支队伍"是我国中小学的心育常态，结合我校心育工作的现状及笔者对未来心育工作的愿景，现提出以下几个培养初中生心理健康的着力点。

一、高屋建瓴，健全组织架构

学校心育工作不是专职心理老师一个人的事，而应该自上而下，结合学校发展需要建立一支强有力的心理辅导队伍。具体由德育副校长和学校政教处管理，由专职心理老师担任心理辅导室专职辅导员，另设兼职心理辅导员、班级心理委员等多层心理健康教育网络。兼职心理辅导员由班主任老师和任课老师组成，每班设立一位心理委员，及时联系班主任老师和学校心理辅导老师。心理辅导老师对心理委员定期展开培训工作。各班级选择心理委员配合学校的心理健康教育工作。心理委员要具有较好的人际关系、有进取心等特点，这些学生要观察实际情况并且及时地向学校的心理教育人员反映这些情况，才有助于班级心理教育个别进行和集体进行，使心理教育工作人员和学生保持密切的联系，更有利于心理教育工作更好地实施和顺利发展。

健全的学校心理教育工作体系，是优化学生心理教育工作的重要组织保障。学校由心理教师具体负责，并扩大到班主任，实行组合多元化，各人员根据自身特长从不同角度、不同渠道开展工作，通过协同努力，实现学生心理健康教育工作整体优化的目的。

二、见微知著，利用课堂主阵地

根据《中小学心理健康教育指导纲要（2012年修订）》（以下简称《纲要》），心理健康教育的主要内容包括：普及心理健康知识，树立心理健康意识，了解心理调节方法，认识心理异常现象，掌握心理保健常识和技能。其重点是认识自我、学会学习、人际交往、情绪调试、升学择业以及生活和社会适应等方面的内容。

专职心理教师应认真研读《纲要》内容，充分利用课堂主阵地，开展新生适应、人际交往、情绪调试、生命教育等主题的专题教育，制订年级心理健康课程教学计划。面向全体学生，根据学生心理发展的年龄特点和心理需求以及学生的实际情况有针对性地开展心理健康教育，从而培养学生健全的人格和良好的个性心理品质。同时，还要注重个别差异，在教育中根据学生的实际心理发展水平进行教育，使学生的独特性、创造性得到积极发展。

在备课过程中认真搜集生活素材，抓住个案咨询中学生的普遍问题，有针对性、系统地备课，以学生的体验与分享作为课堂教学的推动力，以情意行动作为教学的发展目标，重视对学生情感、意志、动机等心理层面的感染、触动以及激发。注重课堂的效果，保障心理健康课的"长期效应"，在进行教学设计时选用贴近学生生活的真实案例，让学生能够有所转变、有所提升，在课堂上有技能有方法，在课后也能有所应用。

三、动情入心，个体咨询与团体辅导相结合

目前我校已建成"崂山区麦岛中学学生心理咨询与生涯发展中心"，集初中生心理咨询、团体辅导、生涯发展等于一体的心理健康教育中心，现包含"心晴驿站""团体空间""舒心小屋"三个多功能室。

"心晴驿站"是集办公区、接待区、咨询区、沙盘区、图书阅览区于一体的多功能驿站。办公区为心理教师的主要办公场所，内含学生心理档案存放柜，另外，"心晴驿站"外还设置了心语信箱，帮助学生们通过书信的形式进行心理咨询。

"团体空间"主要以班级或小组为单位开展活动，比如，团体心理辅导、心理健康沙龙、身心拓展训练等活动。在团体空间中，引导者将会带领每一个团体成员积极地互动、交流和思考，提高团体的凝聚力，帮助团体中的每一个成员获得成长和提升。

"舒心小屋"是集宣泄区和放松区于一体的多功能室。其为学生提供一个安全可控的环境，学生可以通过呐喊、运动等方式转移心理能量，将心中不良的情绪宣泄出来，还可以通过不断的体验放松身心，调节自身的心理平衡。

在硬件保障下，结合个案咨询与团体辅导培养初中生心理健康，建立学校心理咨询室值班制度、学生心理辅导规程、心理教师守则等，确保值班时间心理咨询室有教师值班，心理咨询流程规范。另外，每年需要使用MHT或ALSEC对学生展开心理健康普测，建立学生心理档案，包括学生的基本情况、家庭情况、心理状况、辅导记录等。与相关心理诊治部门建立畅通、快速的转介渠道，对个别有严重心理疾病的学生，或发现其他需要转介的，及时转介相关心理诊治部门。

四、多方联合，疏通家校共育渠道

邀请家长到校听课、座谈，增加家庭教育意识，使学校教育与家庭教育密切配合，形成辅导学生人人有责的良好局面。每学期至少开展一次家长心理健康知识讲座，提高家长识别孩子心理问题的能力。建立家校合作机制，发现学生出现问题，在遵循保密原则的条件下和家长展开沟通，必要时针对学生和家长制定家庭治疗方案。联合青岛大学、心彼岸心理咨询机构等部门，定期开展家长培训，改善亲子沟通，调节家庭氛围，让每一个学生在爱的氛围中不断成长。

五、全员育心，增强学科渗透

在学校心理健康工作中，虽然学生们的心理健康工作是主体，但老师们和家长们的心理健康工作也不能忽视，当教师产生不合理信念和错误认知时便不能协调身心平衡，容易滋生各类心理问题。

注重学科渗透，定期推出学科渗透心理健康教育的优秀案例供教师学习交流。学校应坚持全员育人，将心理健康教育始终贯穿于教育教学全过程，全体教师应充分发挥课程和课堂教学心理健康教育的主渠道作用，自觉在各学科教学中遵循心理健康教育的规律，将适合学生特点的心理健康教育内容有机渗透到日常教育教学活动中，把各门课程蕴含的心理健康教育资源和功能充分开发和发挥出来，提高课堂教学、日常管理以及学科教学中心理健康教育技巧的运用水平。

关注和培养学生的心理健康不是一蹴而就，也不是一朝一夕能够完成的，需要我们每个人提高重视，学校分管领导和专职心理教师把控龙头，渗透至日常的教育教学环节中去，让学生们在充满爱与关怀的校园中不断向内探索，向外生长，获得向上成长的力量！

学习真正发生，素养形成可见

——语文学科核心素养视域下的大单元活动设计

青岛金家岭学校　周雅梦

一、语文核心素养

语文学科核心素养是一种以语文能力为核心的综合素养。主要包括"语言建构与运用""思维发展与提升""审美鉴赏与创造""文化传承与理解"四个方面。语文教材是语文学科核心素养实现的重要载体，如何利用语文教材使语文核心素养真正落地是我们教学设计过程中需要关注并解决的重要问题。

二、单元解读

"幽默和风趣是智慧的闪现"。语言是思维的载体，也是情感表达的载体。本单元的人文主题是"幽默和风趣"，围绕这样的主题编排组织单元学习内容，意在让学生通过阅读感受风趣、幽默的语言所带来的魅力，体会言语思维的智慧。

本单元编排的三篇课文，分别是选自《世说新语》的杨氏之子、丰子恺的《手指》、苏联作家费奥多罗夫的《童年的发现》。选编这三篇文章，一是落实单元人文主题，通过阅读不同体裁的文章，了解不同的表达形式和风格，感受语言的幽默、风趣，获得初步的阅读审美体验；二是体会语言表达的智慧，学生能够尝试仿照例文的语言形式和风格进行创造性表达，如，讲笑话、赏析漫画等。

三、语文核心素养下的单元重构

通过对本单元的人文主题和语文要素的分析，我们寻找三篇文章之间的关联，并将单元语文要素重新解构，以"如何成为一个幽默风趣的人"为核心问题，以口语交际"笑话大会"为核心任务，增加情感态度价值观方面的内容，重新架构本单元的内容。具体学习目标如下：

1. 能够抓住人物对话中的谐音、文章修辞（类比、拟人等）、自我调侃、遣词造句等处感受语言的幽默、风趣和表达中的智慧。

2. 能读懂漫画的内容，能把漫画的内容写清楚，并联系生活实际，写出自己的启示。

3. 可以从报纸、杂志、生活经历中收集一些内容积极向上的笑话，在讲笑话的时候能克服自己的口头禅，避免不良的口语习惯，用心倾听，做一个好听众。

4. 能够分辨恶趣味、讽刺和幽默的区别，尝试做一个风趣幽默的人，为自己的人生添一抹色彩。

确立学习目标之后，我们根据单元教学内容，将核心任务"笑话大会"分解为"赏幽默""辨幽默""讲幽默"三个子任务，并将语文学科素养的内涵覆盖到教学设计中。

大单元教学重构与关联的语文学科素养

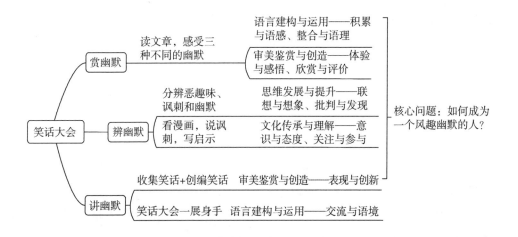

四、教学评价

本单元评价共分三个板块：单元目标评价、核心素养评价和笑话大会评价。从语言、思维、审美和文化传承等多方面进行交叉评价，使学生对自身有一个明确的认知，便于知识的总结与反思。

五、教学反思

1. 真实的任务情境，激发孩子的学习兴趣

在"笑话大会"这样真实、开放、有意义的任务中，学生学习的热情不断高涨，把前期铺垫的与幽默相关的知识在"笑话大会"中自觉运用，在活动开展过程中，孩子们沉浸其中，意犹未尽，反复要求加场，足见这次学习活动设计的成功。

2. 基于语文要素，落实学科核心素养

在以往的教学中，往往语文单元要素实现了，本单元的教学基本就结束了，很少关注到学科素养。但是本单元在进行文本解读时，便绷紧了学科素养这根弦，在教学过程中会发现，学科素养一直慢慢地积淀，但从未把它当成一个目标来落实。把学科核心素养提升到目标的高度，使我们的语文教学更有指向性。

3. 从孩子的生活中来，到孩子的生活中去

事实上，板块二中的"辨幽默——分辨恶趣味、讽刺和幽默"，在教材中并未提及，是老师在日常生活中观察到学生总会因为言语问题而告状，而且屡禁不止，于是"辨幽默"环节由此诞生。借由单元人文主题解决班级管理中的实际问题，也会使得孩子们对"幽默"的概念认识更加深刻。从结果来看，最近学生们的这种恶趣味现象确实有所收敛，这个教学环节的设计还是十分有意义的。

4. 口语交际目标有所欠缺

口语交际的一条重要目标是避免不良的口语习惯，换言之，在正式的场合发言时，需要提前训练，但实际上，我们的笑话大会中，像"然后""这个""那个"这样的口语一直存在。换位思考，成年人在日常交流中也会出现很多口语习惯，所以要想有效避免，还是需要"刻意练习"，孩子们的练习不足。另外，教师在组织活动的时候，可能还不够规范，没有给孩子一个有仪式感的舞台，让学生觉得场合比较随意，可以进行口语化的表达，还是要继续努力！

混合式教学模式在中职涉农学科教学中的应用

平度市职业教育中心学校　于凌燕

一、中职作物生产技术专业学科课程定位

作物生产技术专业培养具有良好职业道德和人文素养，具备作物生产、种子生产和农资经营能力的德、智、体、美全面发展的高技能人才。专业学科门类齐全，以设施园艺学科为例，学科专业特色明显，实践性很强。授课对象是中职二年级学生。学生在课程教学过程中除了要熟练掌握设施栽培技术理论知识，还要具备设施环境调控、植物病虫害防治以及设施园艺机械应用等能力。通过实训项目，由教师引导学生掌握理论知识和专业技能。但授课学时数不足，很多内容无法在课堂上充分展开。教研组针对学科特点和专业人才培养目标，在实际教学工作中进行课程教学改革探索：优化学科知识体系、重构项目教学内容、设置课堂教学环节、形成树状思维导图、引入生产实践案例和强化动手操作技能等，这种理论与实践结合的教学方法收效良好。

二、实践教学中存在的突出问题

学校以"德技并修、知行合一"为办学理念，注重学科基础理论和技能实践的结合统一，但是受授课时间和教学时令限制，许多技能实训项目得不到很好的展开。学生对涉农相关学科学习兴趣不浓，学习积极性不高，教学效果不够理想。以往的教学模式强调知识结构的完整性，有限课时内能全面地掌握课程知识，却忽视了学生自主学习、合作创新能力的培养。教师在完成教学标准规定的教学内容的同时，对学生学习过程和态度的关注较少。

三、混合式教学模式的提出

2017 年，教育部颁布《教育信息化工作要点》指出"积极促进线上线下相结合的混合式学习模式普及"。"互联网+""智能+"的教育时代已来临，在"三教"改革理念背景下，随着混合式教学模式优势的不断凸显，开展混合式学习活动有利于改变传统教学模式以满足新型职业农民人才培养的需要。混合式教学融合了传统教学法和互联网教学法的优势，打破了学习时间、学习地点和学习资源的局限性，能充分利用网络教学资源，节约课堂时间来开展有效活动，拓展学习空间，激发学习兴趣。

因此，将混合式教学法应用于作物生产技术专业具有极大的优势。教研组以"超星学习通"平台为载体，"以学生为主体"，进行混合式教学改革。以学习活动为主线设计课程活动，把三大学习环节"课前、课中和课后"有序衔接、彼此交互、相互融合，形成"前中后一体化"教学链；借助"学习通"APP 的上传下载、分组任务、作业与测试等辅助教学功能，将学科课堂向课前、课后延伸。通过学生自主学习、师生互动教学、生生互动学习，提问、质疑、讨论、答疑和互评，引导全体学生积极有效地参与教学活动，激发内在学习的积极性，形成"前中后一体""三全育人"的大课堂。通过创设"做中学、学中做、做中评"的项目互动活动，培养学生思考及动手能力，促进创新思维，以提高专业技能教学环境，重视学生自我管理、学习状态和专业学习效果，构建"前中后一体，教学做评统一"的混合式教学模式。

四、混合式教学模式的实施

基于"超星学习通"网络教学平台进行在线学习，在多媒体教室进行线下面对面讲授。

（1）课前，教师在线推送任务单、学习资料、测试题到"超星学习通"平台，同时布置学习任务；学生完成课前预习及检测，通过在线上平台将学习中遇到的问题反馈给教师答疑、师生讨论。

（2）课堂活动的内容为教师解决学生在平台遗留的疑难问题，并对重点、难点知识进行详细讲授。教师提出问题，学生分组进行讨论并提交答案，教师点评；学生完成小组学习任务，讨论汇报，教师有针对性进行反馈，引导和解释，贯穿在整个课堂中。

（3）课后巩固提升阶段，教师通过发送作业、答疑等帮助学生巩固和提升所学知识；学生根据教师布置的思考题、推荐的书籍、文献资料，利用课后时间进行复习巩固和拓展课堂知识。例如，学习"蔬菜嫁接"时，学生课前自主观看线上课件和关于嫁接操作方法的一段视频资料，在线回答预设问题，进行师生在线讨论。通过使用"超星学习通"软件和平台，教师便可利用手机端或电脑端对每个学生在线学习的完成情况和测验情况进行及时查看，进而在课前对学生的自主学习情况有一个清晰的了解和客观的分析，从而及时调整课堂研讨阶段教学活动的设计。课堂上，教师对线上测验的情况进行反馈和答疑，并对学生线上学习时的疑难点进行集中解答。学生分组练习，将操练结果上传平台，供师生之间点评、纠正。学生将理论和技能结合，从操作方法、适用范围、操作工具、规范程度等角度展开讨论、研磨动作，教师引导学生积极思考，发散思维，形成师生之间、生生之间、组组之间的评价，最后再做总结点评。课堂因"教、学、做、评"互动合作变得生动活泼，构建了"教学做评统一"的教学模式。课堂学习结束后，教师线上分享学科领域的最新研究成果、研究热点和发展趋势，让学生开阔眼界，拓宽知识面，培养学生自主学习的能力。

五、总结与体会

混合式教学通过利用信息化教学手段优化传统课堂教学，达到传统教学和在线教学两种资源互补。教师不仅要充分利用好线上平台组织教学，还要正确引导学生主动参与教学活动，积极协作、深入思考、不断探索，因此，混合式教学对教师的教学能力、信息处理能力和引导学生学习的能力都提出了更高的要求。除此之外，通过总结混合式教学应用过程中所遇到的困难和问题，对学校和学生也提出相应的优化建议。

（1）以学生为主体进行教学设计

结合教学内容进行教学设计的前提是教师充分分析学情。在线课程需要将视频互动、知识点测试、自由讨论、主题讨论、完成作业及互评等学生的参与设计进来。通过教学互动，将学生从浅表学习引入深度学习，打造生动活泼、高效智慧的课堂。

（2）以因材施教原则兼顾学生需求

在实际教学中，可尝试根据学生特点，将学习内容分类，分层驱动满足不同学生的学习需求。教师提前对上传网络教学平台的学习资源进行分类，并将知识嵌入不同层次的学习任务中；根据学生类型、个人能力完成不同层次的任务；教师根据平台反馈的在线学习任务完成情况，为学生学习提供个性化帮助和指导。

（3）以学科思维加强思政育人

课程思政可以实现学科育人和思政育人协同作用。作物生产技术专业学科教学需要教师通过联系有关学科理论知识，引导学生更深刻地认识学科的科学性以及服务社会的功能。如，结合设施园艺学科相关技术，通过学习园艺技术的特色优势和突出贡献，使学生在学习园艺技术知识的同时，了解服务乡村振兴的功能价值，培养学生发展园艺事业、献身园艺领域的信念和决心，巩固专业思想和专业兴趣，发挥出学科思政育人的作用。

在中职涉农专业学科进行实践应用中发现，混合式教学模式对于提高学生的学习效率有一定的促进作用，值得在中职学科课程教学中深度研究和推广。笔者在今后的教学中也会继续相关的实践研究，不断优化混合式教学策略。

论现代美术教育发展

——以创意设计课程为例

青岛市崂山区麦岛中学　王淑娴

近年来，随着我国社会的飞速发展、经济与文化水平的大幅度提高，以及人们对美术教育意义的认同，我国各地兴起了一股美术教育的热潮。家长们抱着"不让自己的孩子输在起跑线上"的观念，纷纷将孩子送到儿童美术教育机构中进行学习。一些美术教育机构开发多样课程，利用多种媒材创作作品，并将其作品进行公开展示，这样的美术教育有助于提高儿童对美术的兴趣，发挥他们的想象力和创造力。但仍有很大部分儿童美术教育机构仍把"画得像"来作为评价标准，对其实施"临摹式"的美术教育方法。全国各地的学生美术作品呈现出千篇一律的面貌，这不禁引发人们的深刻思考。

在探讨美术教育的问题时，我们应回到原点，重新思考这一系列的问题：如美术教育的重要性，它有什么样的独特功能，它对学生的发展以及社会的发展究竟有什么作用等。

一、美术教育促进个体发展

美术教育活动，对启发孩子的思维、想象力、创造力有独特的作用，能够促进个体的发展，培养审美能力。因此，美术教育是必不可少的。

1. 美术教育培养学生能力

美术教育可以帮助孩子们学习无法用言语表达的表达方式，养成视觉读写能力和视觉思考能力。可以用美术语言自由地描绘自己的梦想，使文字和数字无法表现的事物明确起来，而当孩子们从美术作品那里有所感受时，就拥有了

表达的语言与方式。

美术教育还可以培养学生的创造力和动手实践能力。

例如，在人教版美术《设计》第三课"商品无声的推销员——包装设计"一课中，可以充分引导学生的个性表达。在新授阶段，讲解包装设计的概念时，将抽象的概念具象化，可以让概念变得通俗易懂。学生理解概念之后，可以通过欣赏不同产品的包装设计图片，引导学生去思考包装设计有哪些要求，给学生表现的机会，表扬鼓励表达自己的个性化想法。

在练习阶段时，教师要提出基本作业要求和注意事项，在引导个性表达的同时，提出包装要注重便捷性、多功能和美观，对不同层次学生提出不同要求，确保动手实践环节的有效参与度。练习过程中，教师巡回指导，根据不同学生的不同感受，激发想象力，引导学生充分发挥自己的创造力，以此来提高学生的实践能力。

2. 美术教育对人的全面发展的作用

现在许多国家都认识到艺术教育对人的全面发展的作用。在全球化的社会中，培养具有国际竞争意识、具备跨文化沟通能力、战略思维及世界眼光的人才，是各国教育界所共同关心的问题。因此，如何在艺术教育中培养学生各方面的能力，以便于适应今后的国际竞争，是美术教育发展的新趋势。

3. 美术教育影响一生

美术教育面向每一个人并贯穿人的一生。通过学习美术，可以激发造型表现能力，学会设计并制作实用、美观的生活必需品，体验创造的喜悦和自我实现的愉悦，掌握造型表现的能力，体会他人的想法和情感，获得整合意识和协作能力，逐渐形成不同职业所需要的审美能力、创造能力、实践能力和协调能力。等成年后，还继续体验自我表现的愉悦，思考自己的未来人生道路，在各项活动中，意识到社会的审美价值，并意识到生活中的美，提高审美判断能力，最终形成丰富的人格。

二、美术教育有利于社会发展

当下处于视觉文化时代的美术教育，一则能够帮助学生重新审视数字技术的作用和安全性，体验新科学技术所带来的便利性；二则随着高速发展的现代科技，以及全球化趋势的日益增强，本土文化面临着严峻的挑战而通过学校美术教育，开展以中国优秀传统文化为主要内容的教育活动，有利于中小学生了解中华文化，养成对传统文化的持久兴趣，逐步树立保护、继承传统文化并发展新文化的志向。

三、美术教育发展趋势

1. 将美术作为一种文化的学习

受多元文化教育的影响，很多国家在新制订的艺术（美术）标准中都认为艺术（美术）学习绝不仅仅是一种单纯的技能训练，而应把它作为一种文化的学习。另外，学生应认识到艺术是世界人民日常生活中的一种重要力量，艺术品是世界人民创造出来为世界人民所享用的。因而艺术课程建设的关键原则，需要注意民族、民俗、传统、宗教、性别等问题，以及各种艺术要素和审美反应中的共性问题。

下面我将以创意设计课程为例来进行论证。人美版美术《设计》板块中的第四课——书籍设计，书籍是大家从小到大都接触过的，但是学生对书籍设计并不是很了解。在开展教学活动前，让每位学生准备一本书籍，可以是不同风格、不同大小、不同材质的书籍，教师也准备一些设计比较新奇的书籍。在课程导入阶段，学生拿出各自所带的书籍，为了更好地进行思维发散，先进行小组讨论，拓展思维，再请几位同学向全班同学分享自己喜欢书籍的所带哪些设计，又觉得哪些设计可以修改，谈一谈所带书籍设计的优缺点。这一过程能有效地激发了学生的创新思维，从一本书的设计开始，进行思维发散。同时，在学生的讨论以及分享过程中，可以营造热烈的教学氛围，从而激发学生对本节课的好奇心，这样学生才能主动地参与课堂，为后续的课程内容学习创设良好的教学环境。

在课程新授阶段，利用多媒体为其展示图片、视频等资料提供情境。通过图片可以了解书籍的演化过程，从甲骨、绢帛到现在用纸印刷的书籍，还可以了解书籍设计的基本要素，向学生展示各种类型书的设计，使其产生浓烈的兴趣；通过视频了解书籍的制作过程，可以加深对书籍制作的了解，解决学习上时间与空间的局限性，丰富学生的感受，活跃学生的思维。在动手实践阶段，教师可以把自己准备的书籍拿出来，先让学生们去观察，一起深入探索书籍设计，让学生们更真切地感受书籍设计。接着拿出两本内容一样的书，但是书的设计不同，询问学生：当你去书店买这本书，看到这两本设计不同的书时，你会选择哪一本。此处创设生活情境，把学生带到现实情境中，让教学更贴近现实生活，引导学生去感知美，并表达自己的真实感受，激发创新思维和创作欲望。为了更好地培养学生的创意实践素养，让学生选择自己感兴趣的题材，进行动手实践设计一个书籍封面。

在美术创意设计课程中，创设丰富有效的教学情境，使情境贴合课程所学内容，并充分利用情境，将它的作用价值发挥到最大，能够充分吸引学生的兴趣，更易带领学生走进课程并激发创新思维，有效地将美术作为一种文化的学习。

落实高中体育与健康学科核心素养的实践探索

——以青岛十九中体育组为例

山东省青岛第十九中学　张乃健

《普通高中体育与健康课程标准（2017年版）》依据学生发展核心素养，提出了包括运动能力、健康行为和体育品德在内的体育与健康学科核心素养。如何落实高中体育与健康学科核心素养成为热点话题，体育界大咖、高中体育教师等众多群体开始各抒己见，展开实践与研究。

青岛十九中作为岛城老牌名校，依托深厚的文化积淀，坚持全人教育，高度重视校园体育活动的开展、学生体育兴趣的培养和学生身体素质的提升。无论在台东旧址还是在鳌山新校，青岛十九中都会依据学校条件，尽可能开展丰富的社团活动和多样的体育类校本课程。值得一提的是，青岛十九中还成为第十四届全国学生运动会武术比赛的承办单位，并向大会交出了一份满意的答卷。

2020年，高考开始实行新的改革方案，形成分类考试、综合评价、多元录取的考试招生模式。在这样的高考背景下，高中体育与健康课程越来越受到教师和学生的重视，体育课内容和成绩或将成为各大高校招生的考核因素之一。为适应高考变化，进一步推进课程与教学改革，青岛十九中体育组多次组织教研活动，认真学习和梳理了体育学科新课标所增加的核心素养具体表述，结合本校体育教学课程的设计和体育活动的组织与开展，最终挑选出三个较为经典的案例。三个案例分别取材于青岛十九中体育与健康学科的选项教学、体育课外活动和运动会。三个案例均有涉及核心素养要求，但都有相应的侧重点，凸显运动能力、健康行为和体育品德核心素养的要求。

案例1：选项教学，硕果累累。青岛十九中依据课程标准要求，在了解学生基本情况、体能和技能基础、体育兴趣爱好和学习需要的前提下，合理利用学校体育资源，组织开展体育与健康选项教学。义务教育阶段的体育与健康课程让学生对各种球类、操类、武术类等运动项目有所了解；体育中考让学生在走、跑、跳、投等身体素质方面有所提升；高中阶段的学生身心日益成熟，让选项教学在新课标的出台下脱颖而出。

以篮球选项教学为例。篮球是学校体育较为普及的运动项目，深受学生的喜爱。新课标新增加的核心素养要求学生在面对突发情况下及时、合理地做出相应的反应，篮球选项教学则是达到核心素养要求的一种典型途径。学生在经历了义务教育阶段的篮球学习后，掌握了篮球的基本技术，但技术还不系统，战术意识薄弱，也就是说不能针对突发状况及时、合理地做出相应的反应。本校高中选项教学将一批爱好篮球或是篮球基础较好的学生整合到一起，由本校篮球专业体育老师房永华和袁俊训授课，从基本功的纠正和巩固到运、传、投技术相对熟练的运用，再到简单技战术的配合过渡到复杂技战术的配合，技术教学的设计由浅入深、层层递进，注重结构化技能的学练。在战术教学的同时，传递给学生一种团结协作的品德教育；同时，在教学过程中穿插着各种教学比赛和裁判知识的讲解和示范，让学生知道哪些动作是违例的，哪些动作是犯规的。学习后期还有专门的裁判课教学，集中讲解裁判知识和相关重点难点。通过篮球专项课，学生系统地认识和掌握了篮球技能，在学练和比赛过程中，提升了体能，磨练了心理。我校篮球队也从青岛市中小学生篮球比赛的参赛队伍中脱颖而出，取得2020年的季军。

案例2：课外活动，遍地开花。选项教学使个人体育兴趣和意愿得到满足，学生体育活动热情大大提高，从而促进了学校课外体育活动的开展。以花样踢毽为例，在十九中的校园里，课外活动时间随处可见三五成群的学生，用一个小小的毽子玩出各种花样。学生围成一个圆圈，互相踢传毽子，相互之间指导和鼓励，使用脚的不同部位或是不同的动作姿态踢出不同的方向。体育组杨锡凤老师、盛江平老师、章文恒老师和周垂武老师经常参与和指导这样的体育活动，拉近与学生之间的距离，促进课外活动有效进行。值得一提的是，花样踢毽在课外进行，达到了"兵教兵，兵练兵"的教学效果。通过这样的花样毽子活动，学生养成了经常锻炼的习惯、积极乐观的心态和团结奋进的精神，我们一致认为，开展这样的课外活动，男女均可以参与，参与后兴趣较高，目标达成并不是依靠个人的技术，而是活动过程中同学之间有配合、有交流，完全实现了核心素养中对健康行为的要求。

案例3：竞技运动，顽强拼搏。毛泽东在《体育之研究》中提到："文明其精神，野蛮其体魄。"学校体育中，运动会则是表现学生"野蛮"一面的活动。我校所举办的运动会中涌现了许许多多顽强拼搏、不抛弃、不放弃的优秀运动员。我校2016年秋季运动会中，高二男子组1500米决赛的跑道上，出现了一位让所有人都十分钦佩的运动员——高二（1）班张益宁。他身材圆润，比赛中一直居于末位，直到高三1500米项目开始，离终点依然有300米的距离。所有人都认为他要放弃了，可他的身影依然执着地向终点靠近。最后100米时，全校师生都沸腾了，站起来为他鼓掌呐喊！他开始加速，终于冲过了终点！这一刻，观众的眼睛都有些湿润，由衷地为他骄傲！虽然没有奖牌，但张益宁赢得了全校师生的尊敬。他迎难而上、坚持不懈的精神将永远激励着在场的每个人！这就是一个竞技场上的活生生的例子，当然这样的例子数不胜数。新课标的核心素养中提到："自尊自强，主动克服内外困难，具有顽强拼搏、挑战自我的精神；胜不骄、败不馁；胜任运动角色，表现出负责任的精神。"正是因为我校体育与健康课程在平时的要求和教学过程中，积极推进和落实"立德树人"任务，十分注重学生品德的培养和塑造，学生才能在运动会中，坚持跑完全程，获得全校师生的掌声。

通过一个个鲜活的案例，我们认识到新课标的核心素养要求体育教师在运动能力、健康行为和体育品德三个方面来引导学生是可以做到的，而且就在身边。作为体育教师，我们要更多地走近学生、引导学生，让学生做课堂的主人，让学生以主人翁的态度去上好体育课，积极参与体育活动，甚至参与到运动竞技中去，进而培养学生终生体育的爱好。更重要的，通过学校体育的影响，学生能够养成良好的品德，提高社会担当意识。

玩转课堂　情趣乐动

——初探小学低段音乐教学中的游戏策略

青岛市崂山区麦岛小学　孙鞠凝

当下，游戏策略是深受师生喜爱的一种教学策略。结合音乐学科的特性和低段学生身心发展特点，我们在小学低段的音乐课堂上运用游戏策略，一方面能够提升音乐学习的趣味性，可以借助学生对游戏的热情充分调动他们的积极性，启迪学生的音乐审美，另一方面通过开展音乐游戏进行教学更加直观，可以降低学生学习音乐的难度，将音乐要素具象化，帮助他们更好地体验音乐，不断积累对音乐的感性认识，提高学生对音乐的敏感度。

基于音乐游戏策略的多种优势，我根据《普通高中音乐课程标准（2017年版）》和实际学情，结合教材内容，从不同层面和角度展开了游戏策略的探究与实践。

一、在培养兴趣与习惯中实践

小学低段是音乐学习的启蒙阶段，也是培养音乐兴趣与音乐习惯的关键时期。在音乐课堂上使用游戏策略，可以促使学生将对游戏的喜爱迁移到对音乐的喜爱，逐渐培养他们对音乐的好感。

由于音乐游戏的规则和进展受音乐要素主导，因此为了更好地参与游戏、获得满足感，学生就会很自然地投入聆听，有意关注音乐要素，迅速思考并及时做出反应，潜移默化中，学生就逐渐养成了良好的音乐习惯。而良好的音乐学习习惯将转化为音乐学习思维，伴随他们终生。

例如在《快乐的小笛子》一课的导入环节，我用不同颜色的杯子分别代表不同的律动方式，在聆听音乐的过程中，以乐句为单位向学生呈现不同颜色的杯子，学生需要边听歌曲的速度、节奏，边根据我给出的杯子进行相应律动。此游戏既能让学生充分感受歌曲的旋律和节奏的特点，为学唱歌曲做铺垫，又培养了他们专注、有意聆听的习惯。

二、在提高学习效率与巩固音乐基础中的实践

音乐课堂上，游戏策略的运用可以增强学生的音乐体验感，加快音乐学习重难点的解决，同时预设中高年级将要学习的音乐知识，提高学习音乐的效率。而在学习之后，开展音乐游戏也可以避免传统复习方式的机械性和枯燥性，巩固音乐学习的效果。

例如，在《两只老虎》一课，我由轮唱的演唱特点联想到了学生们熟悉的接力游戏，为了让学生更好地理解和体验轮唱这种形式，我制作了可传递的提词板。学唱环节中，我请一位学生与我合作，学生唱一声部，我唱二声部，学生每唱完一句就将提词板传递给我，我在接到提词板的同时演唱板上的歌词，就如同将歌词和旋律送上了"传送带"。如此一来，"轮唱"这一概念更加可视化，老师也避免了过多理论的讲解，潜移默化中提高了课堂效率，增加了学习的趣味性。当同学们都能熟练演唱后，我们又进行了小组进阶游戏，同位两人各演唱一个声部，两人一组传递提词板进行轮唱，延展后的游戏既巩固了歌曲的学唱，加深了对"轮唱"的记忆，同时培养了学生的合作能力。

三、在培养音乐综合能力方面的实践

游戏策略除了在培养良好习惯、提高效率发挥积极作用外，也将为提升学生音乐综合能力提供动力。

在前面的案例中，我们不难发现，学生在亲身参与音乐游戏的过程中，不断获得大量的对音乐的直接经验和丰富的情感体验，因此，音乐的审美感受能力是最先获得提高的，这也为之后提高音乐表现能力、合作能力和创造能力打下良好的基础。

1. 表现能力

表现是音乐课堂中的基础性活动，小学低段的学生天真活泼，模仿力强，

热爱表演，结合音乐游戏进行表现既可以释放他们的天性，进一步激发他们的表现热情，也可以引导他们通过表现更好地融入音乐情境，体会音乐情绪，理解音乐作品的内容，巩固音乐知识与音乐技能。同时，通过学生的音乐表现，我们也能更好地了解学生的学习状态以及他们对学习内容掌握的情况。

例如，复习歌曲《早上好》时，我结合学生特点，借助棒球这一道具，在A段用滚球的方式表现三拍子韵律和乐句长度，在B段用弹球的方式表现二拍子的韵律，让学生体会节拍变化带来的情绪变化。学生在游戏中根据聆听到的音乐及时做出反应，充分表现和体验音乐，同时表达出自己对音乐的情感，巩固了歌曲的学习效果。

2. 合作能力

《普通高中音乐课程标准（2017年版）》中强调，学生在音乐艺术的集体表演形式和实践过程中，能够与他人充分交流、密切合作，不断增强集体意识和协调能力。

在一些集体的游戏中，按照游戏规则，学生需要共同协作才能完成。因此，我们在设计音乐游戏时，可以围绕音乐要素设定游戏规则，让学生在音乐游戏中围绕音乐要素展开协作，在潜移默化中就提高了他们在音乐学习中的合作能力。

例如，在歌曲《法国号》的编创中，我设计了合作传递沙包的游戏。学生围圈而坐，跟随歌曲边唱边向右手边同学传递沙包，短音用点的方式传递，长音用抛的方式传递，演唱与律动同步进行。这个游戏需要参与的学生都必须专注听音乐，并且互相配合好传递的距离、速度，否则传递将中断。通过这个游戏，可以让学生伴随音乐的学习体验合作的快乐，提高合作意识和能力，同时可以培养学生的恒拍感，巩固歌曲学习的效果。

3. 探究能力

课标提出，我们要培养学生对音乐的好奇心和探究愿望，重视自主学习的探究过程，使学生能够积极参与以即兴式自由发挥为主要特点的探究与创作活动。

开展音乐游戏的过程也能发展学生的音乐探究能力。例如，在探究生活的打击乐器的游戏中，模仿双响筒探究音高，模仿小雨大雨探究音色；在学习

X－、 X 和X X这些节奏知识时，模仿小狗、小猫、小乌龟的步速进行游戏等，学生在对比、听辩、感受的游戏中不断提升着音乐探究能力。

4.创造能力

托尔斯泰说过："如果学生在学校里学习的结果是自己什么也不会创造，那他的一生永远是模仿和抄袭。"在音乐游戏中，学生们往往兴致勃勃，思维十分活跃，身心都被充分调动起来，这有助于他们充分展开音乐的联想和想象，从而获取更多音乐的创意和灵感。

在《乃哟乃》一课中，根据歌曲特点，我引导学生在"5 3 1"处设计、表现X X的节奏，刚开始可以两人一组，一人编创另一人模仿，唱第二遍歌曲时可以进行交换或者两人同步即兴编创动作，当学生熟悉游戏后，可以让学生继续设计动作表现"5 3 1"处的音高，比一比谁的编创更有创意。

综上所述，通过对音乐游戏策略的实践与探索，我和学生都非常受益。合理使用游戏策略，不仅可以引导学生在音乐游戏中形成学习音乐的良好习惯和思维，巩固音乐的学习效果，提高学习音乐的效率，还可以引导帮助学生提升在音乐方面的感受能力、审美能力、表现能力、探究能力、合作能力和创造能力等，从而达到音乐学习的最终目标，提高学生综合的音乐素养。日后，我还将继续推进研究，对音乐游戏策略进行更深入的思考、更广泛的应用。

初中数学课堂作业多元化设计

崂山区实验初级中学　赵　琦

引言：作业是检验学生学习成果的试金石，对巩固学生课堂知识、优化教师教学方案有着重要的作用。因此在核心素养导向下，初中数学教师要提高对课堂作业的重视程度，认真做好课堂作业的预设工作，采用多元化的作业形式，来激发初中生的学习兴趣，从而有效增强数学课堂的教学效果。本文探究核心素养导向下初中数学多元化课堂作业的设计策略，以优化初中数学教学质量，希望能对其他教师提供一定的借鉴和参考。

一、借助信息技术，设计开放性作业

在设计作业内容时，教师可以适当设计一些隐含条件，从而打破学生的思维定式，锻炼学生的信息提取和处理能力。数学知识具有很强的灵活性，教师可以设计一些一题多解的课堂作业，引导学生从不同角度思考和分析问题，探寻不同的解决思路和解决方法，从而培养学生的求异思维，让学生感受到数学学习的乐趣。教师还可以从数学问题的结论入手，设计开放性的作业，使学生摆脱标准答案的束缚，能够全面地看待问题、分析问题和解决问题，从而增强数学应用能力。信息技术的发展为初中数学教学带来了极大的便利，数学教师可以借助多媒体，将数学作业用图文并茂的形式呈现给学生，为学生创设灵活的学习情境，使课堂作业变得更加有趣。

二、融入游戏体验，设计趣味性作业

课堂作业是师生之间重要的交互形式，课堂作业设计的好坏直接关系到学生的学习和教师的教学。为了激发学生的学习兴趣，数学教师可以开展游戏教学，设计趣味性的课堂作业，让学生在游戏中完成作业内容，从而实现寓教于乐的教学目标，并增加学生思维的广度和深度。在核心素养背景下，数学教师要帮助学生走出困境，构建数学知识模型，深入感知数量关系和变化规律，形成良好的数学感知，这有助于强化学生学好数学的信心。教师可以引入民间游戏，并将所学知识融入进去，新颖的游戏容易激发学生的求知欲和创造力，学生们会积极地进行游戏。通过这种方式，学生对数学课堂的认识能够得到有效改变，有利于提升数学教学水平。教师还可以设计阅读作业，围绕教学内容，让学生搜集各种相关的数学资料，从中找到数学知识中蕴含的真谛，以培养学生的自主学习能力和探索能力，使课堂教学充满吸引力。另外，教师还可以开展趣味抢答活动，将课堂作业中的知识点全部融入抢答内容中，使学生在抢答中巩固对所学知识的记忆，从而拓宽学生的数学学习视野，并培养其终身学习意识。

三、锻炼实践能力，设计生活化作业

数学与日常生活有着紧密的联系，生活中随时随地都可以捕捉到数学知识的印记，学生只要善于观察，就会有很多意想不到的收获。所以，教师要在培养核心素养的目标引领下，在课堂作业中融入生活现象和生活内容，实现活学活用，使学生的思路更开阔，学习动力更足。数学教材中的习题形式相对单一，而且存在着一定的局限性，课堂作业的生活化能够有效改善这一局面，学生也有了施展才华的空间。教师要善于观察，对学生的生活经历、生活环境等进行全面了解，挖掘学生身边的生活元素，以获取有效的数学资源，然后将数学问题置于现实生活情境中，以降低数学问题的理解难度，让学生更加真实地感受到数学知识的用途，为学生注入学习的动力。教师可以对教材中的习题进行改编和创新，将数学语言转化为生活语言，并以生活化的情境作为点缀，让学生在轻松愉快的氛围中完成课堂作业，学会用数学的眼光看待生活。另外，数学教师还可以组织学生进行实践探究和社会调查，在实践中锻炼学生的数学技能，增强学生的社会经验，为学生的终身发展奠定基础。

四、开展小组合作，设计探究性作业

传统的课堂作业大多是书面作业，由学生一人来完成，而在核心素养导向下，数学教学更加注重学生的知识探究过程。所以，教师可以为学生设计探究式的课堂作业，打破传统观念的束缚，鼓励学生进行小组合作，通过合作探究展示数学成果。教师在完成课堂教学后，可以对存在争议的数学问题进行汇总，并从中挑选出具有讨论价值的问题，将其作为小组探究的课堂作业内容，以启迪学生的思维和智慧，构建师生和谐的数学课堂。教师应按照组内异质、组间同质的原则合理地对学生进行小组划分，再为每个小组布置学习任务，从而开启学生的探究之旅。在探究过程中，教师不要进行过多的干预，要给予学生充足的空间和自由，让学生在思维碰撞中学习知识、获得启发，从而培养学生的团结互助精神。探究作业完成后，教师要及时对作业进行指导和评价，以小组为单位现场批改作业，对各小组出现的共性错误进行集中讲解和纠正，对个别小组出现的问题和个别学生存在的困惑进行一对一指导，这样能够有效提高课堂教学效率，丰富学生学习体验。

结论：数学课堂作业是学生巩固数学学习成果最基本的形式，对学生掌握数学知识、优化数学思想方法、培养创造能力有着积极影响。所以初中数学教师要注重课堂作业的设计规律，从教学实际和学生的学习需求出发，为学生设计多元化的课堂作业，让学生带着兴趣去完成作业。教师还要加强对课堂作业的检查和指导，降低学生接受数学知识的难度，使学生的核心素养在课堂作业中得以升华。

情景教学法在中学语文教学中的应用

——以《皇帝的新装》为例

平度市凤台中学　许培培

一、情境教学法

情景教学法是本世纪二三十年代产生于英国的一种以口语能力的培养为基础、强调通过有意义的情景进行目的语基本结构操练的教学法。随着社会的不断发展，课程的不断改革，部分二语习得教学法也渐渐地在母语课堂中得以运用。情景教学法中所提倡的教师创设有意义的情景，给中学语文教学提供了新思路。但是"情景"与"场景"经常使众多教师混淆，"情景"具有具体性和直观性，即"某一特定时空的特定情况"，相对稳定；"场景"则是未来可能发生的事情，是随着时间、地点、任务、起因、经过、结果等要素的变化而不断变化的。所以教师在情景设置时应注意"五要素"——特定的地点、时间、脚本、角色和观众，让学生在情景中"学"，在情景中"做"。

基于《义务教育语文课程标准（2022年版）》的指导，"有意义的情景"设置在不同年龄阶段有不同的要求，如，七年级更加要求学生"注意对象和场合，学习文明得体交流""耐心专注地倾听，能根据对方的话语、表情、手势等，理解对方的观点和意图"等，八、九年级可以通过讲述、复述、转述、辩论以及采访、演讲、朗诵、表演等常见形式进行。情景教学法通过教师有目的地创设有意义的情景，打破了传统的教学模式，不但能够激发学习者的语文学习兴趣，提高语文学习积极性，还能使其形成自主学习的意识，由"要我学"转变为"我要学"，全面提高学生的语文素养。

二、情景教学法设计

语文学科自身所具有的工具性与人文性的特点使语文教学难度大大提高，很难用一种教学方法贯彻到底，对于不同的学习内容则需要不同的教学方法。语文课文中的人物都具有鲜明的特点，如《老山界》中红军们的积极乐观、顽强意志，《邓稼先》中邓稼先鞠躬尽瘁、无私奉献。以上均通过语言、动作、神态描写等呈现出来。有人说，文字是没感情的，这时就需要教师进行引导，带领学生发散思维、开展丰富的联想与想象，其中，设置有意义的情景是必不可少的。教师应充分考虑学生的实际情况进行创设，让学生将课文内容进行改编或者续写，从而进行表演。帕默提出语言学习分为有意识的学习和无意识的学习，任何年龄层次的学生都对模仿、表演有浓厚的兴趣，具有强烈的欲望，教师可以通过创设有意义的情景，提供特定的时间、地点、脚本、角色和观众，让学生充分展示自己。学生为将角色完整地呈现出来，便会自主地去研究揣摩文中的语言、动作、神态、心理描写的语言，分析得出文中的人物形象，由开始的"要我学"转化为"我要学"，通过主动学习使学生高效理解课文内容。

例如，在《皇帝的新装》一文中，学生对课文本身比较熟悉，人物特点掌握较好，但是对其中更深层次的政治隐喻缺乏了解，在教师对课文进行进一步剖析时提出问题：皇帝知道自己没穿衣服吗？民众知道吗？皇帝知道民众知道自己没穿衣服吗？民众也知道皇帝知道自己没穿衣服吗？得到的答案都是肯定的。这时，教师又抛出问题，如此荒诞的游行大典为何还能继续下去呢？"皇帝好面子""皇帝想统治他的民众""皇帝想获得绝对的权威"……各种答案层出不穷。此时，教师创设特定的情景——游行大典结束之后，会发生什么样的故事？皇帝会怎么做？大臣官员们如何？骗子们会得到什么样的惩罚？老百姓会说什么？说出真相的小男孩会如何？请与小组成员合作完成故事续写并表演。全班表演完毕之后为同学们颁发"最佳表演奖""最佳编剧奖""优秀小组"等奖项。

童话是儿童文学的一种，它往往通过丰富的想象、幻想、夸张来塑造形象、反映生活，对儿童进行思想教育，语言通俗，生动形象，故事情节往往离奇曲折，引人入胜。《皇帝的新装》作为大家耳熟能详的童话故事，教师提供特定的时间（游行大典结束之后）、地点（皇宫以及老百姓家中）、脚本（学生小组共同编写）、角色（皇帝、大臣官员、骗子、小男孩、老百姓）、观众（其他同学），让学生以续写的方式进行学习，充分体现了教师的主导作用，学生主动学习体现了学生的主体作用，使学生能更加深刻了解故事的时代背景，掌握故事中的人物性格特点，理解作者的写作意图，同时也能够锻炼学生小组合作、组织协调、独立思考的能力，培养学生的发散思维、逻辑思维，提高书面与口语表达能力，全方位培养学生的语文素养。

三、针对情景教学法的教学建议

由于课堂教学时间、空间有限，周围环境限制以及多媒体资源缺少等局限，每一种教学模式都无法安全满足学生学习需求，即不管采取什么样的教学方法都具有其局限性，需要多元化的教学方式。情景教学法作为在中学语文教学中相对较新的教学方式，笔者从教师，教材，教学方法三个维度提出了一些自己的观点，包括教师自身提升以及角色定位、课堂评估体系等。

1. 教师

（1）加强教育理论，提高业务能力，具备较高的文化素养和教学技能。在情景教学中，教师要为学生选择和创设情景，所创设的情景应满足驱动性、趣味性、真实性等特点，不仅要达到课堂教学的目标，更要满足学生的实际需求。因此，教师在充分考虑语文教学的特点之外，还要设定有意义的情景，调动周边资源，提升学生的审美能力，陶冶学生情操。

（2）以学生为主体，教师为主导。教师应重新定位与学生的关系，关于教师和学生的关系，若是将课堂比作一场戏剧，学生便是"演员"，教师就是"导演"。可见，教师是一个多角色的职业。

（3）一套科学的课堂评估系统是课堂成功的关键。评估系统应包括教师评价、学生互评。课堂中，教师应密切关注每一位学生，对于有困难的学生进行引导和指导，必要时给予评价反馈，使学生根据反馈做出及时调整，增强其信心。同时，这也能够帮助教师更好地把握课堂。

2. 教材设计

教材设计应基于针对性、实用性、科学性、趣味性、系统性五大原则。中学语文教材应充分考虑学生的年龄、心理等因素进行设计。情景教学法在中学语文教学中作为一种辅助教学法，以情景教学法为主要教学方式的的教材目前还未成熟。但在编写过程中，情景的设置是重中之重的，应具有驱动性，通过设置有意义的情景，驱动学生的表达欲望，激发学生的积极性，在此部分的设计中可以采取多元化的情景设置。

3. 教学方法

"教无定法，贵在得法。"教师应根据教学目标、教学内容确定教学方法。在中学语文教学中运用情景教学法是将文章内容具体化为一些有意义的情景，要求学生不仅仅是学习课文本身，而是让学生去理解、去体会，设身处地的去分析问题、解决问题。

四、小结

情景教学法主张教师创设真实的情景进行教学，激发学生的内驱力，使学生在特定的五大要素中正确组织语言并进行有效的交际，在主动做中学。本研究以《皇帝的新装》为例，将真实授课案例进行分析，基于教学质量和课堂效果从"三教"方面提出了建议，希望能够对于以后的情景教学法有所帮助。

活力课堂，趣玩英语

——基于核心素养培养的初中英语课堂教学模式的探索与思考

崂山区育才学校　汪孟昕

《义务教育英语课程标准（2022年版）》对基础教育阶段英语课程提出如下要求，"激发和培养学生英语学习兴趣，树立学生的自信心；发展学生自主学习能力和合作精神；培养学生的观察、记忆、思维、想象能力和创新精神；帮助学生了解世界和中西方文化差异，开拓视野；培养学生的爱国主义精神，帮助形成健康的人生观，为他们的终身学习和发展打下良好的基础。"

课堂，是教育教学的主要阵地，如何打造高效有魅力的课堂是教学链条上的重要环节。打造高效魅力的英语课堂，需要英语教师采用灵活多样的教学方法和手段，激发学生英语学习兴趣。"活力课堂，趣玩英语"是我入职以来，一直秉承的教学理念，在打造兼具知识性和趣味性，激发学生参与度和自主学习能力的英语课堂中起到引领作用。

"活力课堂"是以教案和丰富的教学资源为载体，以导学为方法，以学生自主探究为主体，以教师引导为主导，师生共同协作完成教学任务的一种生动高效的课堂教学模式。"活力课堂"的中心思想即以学生为中心。其教学模式是在愉悦、尊重、民主、活力的课堂氛围下，采用科学而智慧的教学方法和手段，最大限度调动学生的课堂参与度。"活力课堂"不仅旨在知识获取，更是使学生在"生动、主动、互动、活动"的学习过程中，掌握语言技能，培养核心素养。本文针对基于核心素养培养的初中英语"活力课堂"教学模式，分析教学案例，探究教学手段，反思教学成效。

一、丰富多彩的教学资源，让心情愉悦

将旋律轻快的歌曲、脍炙人口的歌谣、趣味盎然的视频融入课堂，在学习和兴趣之间搭建桥梁，是受学生喜爱的英语语言学习模式。无论是韵律优美的歌曲，还是幽默有趣的视频，学生朗朗上口，符合初中阶段学生的年龄特点，能够充分调动学生的视觉听觉，使其情绪高涨，学生愿意开口说英语，开口唱英文歌。这些丰富多彩的教学资源兼具知识性和文化性的特点，在活跃课堂氛围的同时能够激活学生的旧知，引发对新知的渴求，将被动的英语学习变成主动的自主探究。

在崂山区育才学校，午睡后，全体同学要起立齐唱英文歌，每两周更换一首英文歌曲。曲目或轻松愉快，或引人深思。印有部分高频词和重点词汇标记的歌词文字稿均会打印下发，各班英语老师会在课堂中对歌曲中的词语用法、创作背景、文化知识等进行讲解。比如，这几天我们在唱的经典歌曲Free Loop，歌曲讲述的是一个小男孩对音乐梦想的执着，非常励志。生活虽拮据，他却执着追梦，望着橱窗里的钢琴，梦想着自己弹奏的样子。在故事的最后，他遇到了一个十分赏识他的人，并最终帮助他实现了音乐梦想。这首歌曲的词汇较为简单，但却包含极好的教育意义，告诉学生们对梦想要努力执着，虽与现实相碰撞，仍要保持那份热爱，总有一天会梦想成真。学生在学唱歌曲的同时，也被男孩身上那股对梦想的执着所打动。

在这样的感情渲染的氛围下，在集体演唱的形式下，很多平日里不敢开口说英语的孩子，也学着从一两句简单的旋律唱起，对英语学习的兴趣也有所提高。比如歌词中有这么一句"It's hard for me to lose in my life I've found"，课堂讨论时，就有同学从"It's adj. for sb. to do"的句型结构分析，还有同学谈到了"the power of dream"这个话题。在这样的情绪带动下，学生对英语语言知识的学习是自发的、积极的。

丰富多彩的教学资源，突破了教学难点，激活了学生的求知欲，点燃学生的学习热情，让学生的心情愉悦，营造出愉快生动的课堂氛围，有助于学生更加全身心地投入学习，充分掌握英语知识，课堂效率由此大大提高。

二、真实可感的教学情境，让情感灵动

英语作为一门语言文化课，语言情景的创设至关重要。除了课本中的图片、文本、听力材料等内容，在实际教学过程中，充分应用例如实物、教具、投影、卡片等教学用具，使学生在真实的、情景化的语言环境中学习英语，能够强化学生的理解能力，激发学生的参与热情，最终达成教学目标。

在日常教学中，我十分注重真实情景的创设，利用真实可感、贴切生活的情景激发学生的情感因素，由此鼓舞学生语言学习的动力。我所执教的课例人教版初一上册《Unit 7　How much are these socks　SectionA》曾获得2019年山东省一师一优课省级优课奖项。下面我将以此课例为案例进行阐述。

在情境导入的环节，课前我采用轻快易于上口的Chant，使学生在轻松愉悦的环境里大胆发声，熟悉句型，对本节课所学内容有大体的感知。导入环节中，谈论我的服装店Miss Wang's Clothes Store，如果学生想要从这里购物，需要自己通过完成任务来获得money，鼓励学生参与课堂活动，激发学习兴趣。

在知识储备环节，我通过展示服装店里的服装，首先引出本节课的核心词汇（表示衣物的名词socks，T-shirt，shorts，sweater，bag，hat，trousers，shoes，jacket，skirt，形容衣物大小、长短、颜色的形容词）。接着，通过词汇挑战、听力辨音、小组合作、对话练习等，引导学生自我发现并总结句型。在听力辨音环节，通过听力训练及对话演练，锻炼学生听、说、读、写多种能力，不断巩固重点难点，扎实学习内容。在整个过程中，学生都可以通过回答问题、小组合作解决问题等获得money，以便进入下一步骤的活动。

在交际能力环节，我通过创设真实的购物情境，教会学生在真实的购物语境下如何用英语对话交流。使得课程兼具趣味性、知识性和实用性。大量的语言输入为后续的写作及口语表达等输出奠定了基础。

此外，准备真实服装，在课堂上模拟呈现购物这一场景，进行表演对话，真正做到让英语这门语言的学习融入到实际生活场景中。这样层层练习下来，学生基本已能够掌握这个有一定难度的对话内容，并且加上编写对话的练习，单复数的掌握也更清晰。这一个个环环相扣的教学活动贴合学生的生活情境，既易于激发学生学习及探索的兴趣，又有助于学生消化吸收新知识。

除此之外，我尤其注重教学用具的制作和使用，把语言知识用多种方式展现出来，将抽象的文字转换成图形、声音等多种形式，寻找学生的兴趣点，深化对知识的学习。比如，在讲授人教版七下《Unit 7　It's raining》一课中，我把不同天气的单词制成卡片，并制作了一本weather&clothes的游戏书，学生们的参与度都很高，为了上台来体验，争先读、说、回答问题。在讲授中华传统节日端午节的相关内容时，我自制了一个以龙舟为原形的Mind-map，贴合主题，引发学生思考。

　　老子曰："合抱之木，生于毫末；九层之塔，起于垒土。"课堂教学亦是如此，想要打造高效且富有魅力的英语课堂，需要我们每一位英语教师带着对教育的热爱，善于思考，勤于实践。路虽远，行则将至；事虽难，做则必成。在教育科研这条充满幸福的道路上，我愿且行且思、且学且悟！

"阅读链接"多元化运用策略之初探

——以小学第三学段为例

青岛滨海学校　武　越

　　小学阶段是培养学生阅读兴趣、阅读习惯和阅读能力的重要阶段，语文教学离不开大量的阅读，统编义务教材的编排就体现了"精读""略读"和"课外阅读"三位一体的阅读理念。课改至今，一线教师们都极其重视对课本中"课内阅读"和"快乐读书吧"的教学，但却在一定程度上忽略了"阅读链接"板块。该板块一般编排在课文的课后练习中，选材精简，切合文章主题，理应成为语文阅读教学的重要环节之一，却往往在实际教学中有所忽略。通过调查数据显示，大多语文一线教师在处理"阅读链接"板块时，通常会在课堂尾声采用让学生自主阅读的方式，并没有过多引导；大部分学生在阅读链接内容时，也是一带而过，浅尝辄止，既没有做到课内勾连，也没有进行课外拓展，其阅读教学价值没有得到最优化。

　　作为一名青年教师，在同经验丰富的老教师教研、集体备课以及日常课堂教学的实践下，本文作者尝试以小学第三学段统编义务教材五、六年级下册为例，从"阅读链接"的类型出发，探究"阅读链接"的多元化运用策略，从而真正地使课外和课内阅读有机整合，共同促进学生阅读能力的提升。

　　纵观统编版五年级、六年级下册教材，"阅读链接"板块在五年级下册编排了5次，六年级下册编排了4次，数量虽然不多，却处处精要，梳理如下：

教材	课文	阅读链接
五下	2. 祖父的园子	萧红《呼兰河传》节选
五下	5. 草船借箭	罗贯中《三国演义》原著节选
五下	8. 红楼春趣	林庚《风筝》
五下	11. 军神	李本深《丰碑》
五下	18. 威尼斯的小艇	朱自清《威尼斯》 乔治·桑《威尼斯之夜》
六下	1. 北京的春节	斯妤《除夕》
六下	11. 十六年前的回忆	叶挺《囚歌》
六下	12. 为人民服务	吴瑛《十里长街送总理》
六下	15. 真理诞生于一百个问号之后	《詹天佑》

用好"阅读链接"，首先就要领会编者意图，我们可以从单元和课义两个视角来审视这些阅读材料。

首先，统编教材双线组元，人文主题和语文要素贯穿单元始终，"阅读链接"作为助学系统之一，也是紧紧围绕在人文主题之下和语文要素之中的。所以，我们教材中的许多"阅读链接"都是出于对整个单元内容的补充，而编排在单元中某篇课文之后。其作用显而易见，是在单元几篇课文学习的基础上，再次拓展延伸，让人文主题更深入学生内心，让语文要素的把握更扎实有效。比如，五年级下册的《丰碑》、六年级下册的《囚歌》和《十里长街送总理》，虽然是编排在这篇课文之后，也跟这篇课文有着一定的关联，但其教学价值最主要还是架构在整个单元的人文主题之下的，这一种"革命精神"，通过多篇事例、多个任务的拓展，带给学生更深的感受。

其次，"阅读链接"最多的编排表现形式就是与课文紧密对接的，其中包括课文内容、主题、语言文字或者是某一细节等方面的对接。从这些"阅读链接"的内容之中，我们大致可以领会编者的编排意图，从而思考"阅读链接"的有效教学方式。比如五年级下册《祖父的园子》课后的"阅读链接"编排了萧红《呼兰河传》中另一段关于祖父的园子的回忆，是对课文的延伸。《草船借箭》课后编排了《三国演义》原著中对"借箭"场景的描写，是对课文的比较。六年级下册《真理诞生于一百个问号之后》课后编排了《詹天佑》，是对课文的补充。诸如此类，皆是与课文紧密相连的。

一、前置式——课前激趣

兴趣是学习的根本，有了学习兴趣和阅读期待，学生才能全身心地投入到文本的语言文字中去。在"阅读链接"板块，有许多内容都是比较新奇的，能带给学生耳目一新的感觉，这样的"阅读链接"内容，我们就可以把它前置，放在课堂伊始，在学生充分阅读后，激发学生的阅读期待。

比如，在教授五年级下册《威尼斯小艇》一课时，我们除了采用图片、视频等直观材料进行激趣外，还可以借助"阅读链接"中朱自清先生《威尼斯》的文字："威斯尼是一个别致地方。出了火车站，你立刻便会觉得：这里没有汽车，要到哪儿，不是搭小火轮，便是雇'刚朵拉'。"采用学生所熟悉的朱自清先生的语言，激发学生的好奇心——小火轮是什么？"刚朵拉"又是什么？一连串的疑问，让学生产生强烈的求知欲，此时，我们再引导学生从课文中去寻找答案，就成功激发了学生学习本课的兴趣。

二、穿插式——引导体悟

阅读教学是引导学生体会、感悟的过程。依托文字，结合自身，凭借经验，学生感悟文本背后的情感与哲思。但有的时候，学生的生活经验、阅读经验还不足以支撑他对文本、对语言的感悟，比如"革命题材"课文的学习就是如此，年代的久远、时代的变迁，影响了学生对人物、文字的认知，容易使感悟停留于表面，使情感表达成口号。此时，"阅读链接"的穿插式运用，可以对学生的感悟起到一定的辅助作用。

以六年级下册"阅读链接"《囚歌》为例，我们在教授《十六年前的回忆》一文时，李大钊在法庭上的一言一行表现了他对革命的忠诚和信心，其中"这个力量就是他平日对我们讲的——他对于革命事业的信心"一句，学生总是触摸不到其中的真正含义，更感受不到这种信心到底来源于哪里。此时，教师把《囚歌》穿插与教学之中，让学生体会共产党人对于革命事业的自信，从而深刻体悟李大钊在法庭上所做的决定，其实也是出于这样的革命自信。当然，我们还可以把其他英雄人物的事迹片段穿插进来，进行类文阅读，帮助学生从共性中寻找到更深层次的感悟。

三、补充式——品鉴提升

"阅读链接"以往被普遍定义的就是补充作用，但这"补充"并非只是让课文在内容上有所拓展，更应在情感上有所升华，在语言鉴赏上有所提升。我们要善于选择合适的时机，用好"阅读链接"的内容，使学生在原有的阅读理解和感悟的基础上更进一步，从而在语言文字中获取美的感受，提升语言审美品鉴能力。

比如，五年级下册《祖父的园子》，学生在充分体会到我对祖父、对园中自由生活的喜爱后，教师可以引入"阅读链接"的内容，并告诉学生这是《呼兰河传》的结尾，让学生自行阅读体悟——"为什么这么美好的故事没有一个美好的结局？"伴随着同学们再次回读课文，渐渐悟到：原来文中所写到的各种美好事物，本就蕴含着作者的伤感，作者一生中最无忧无虑的日子，都是在祖父的园中度过的。感悟至此，学生对于文本、语言的鉴赏已经提升，已经不再局限于课文中的选段。

总之，"阅读链接"板块虽不是每篇课文都有，其实在语文阅读教学中有着非常重要的作用。作为青年教师，我们务必要对其进行深入解读，领会它的编排意图，从而通过多元化的教学方式，引导学生对阅读产生更大的兴趣、更深的感悟、更多的思辨和更高的品鉴能力，促进学生阅读能力的提升，也实现课堂阅读教学的进一步优化。

专业成长

破茧成蝶　向阳而生

　　成长是一件很漫长的事。从你呱呱落地开始到最终闭上眼睛那一刻为止，你无时无刻不在成长。成长不只是有身体的不断变化，还有你知识的不断增加、感情的不断丰富和智慧的不断提高。

　　路漫漫其修远兮，吾将上下而求索。

在细微处育人

——从语文教学中寻找德育之光

青岛十九中　张金凤

生活即教育，学校即社会。德育是学校教育的一个重要组成部分，而微德育比其他的技能型、知识型课程更加注重精神的影响和交流，更加关注细微之处的人文关怀和引导。微德育，并非一般意义上专门的"课"，而是即时渗透的德育，由小众到群体的教育，看似随机随性，实为精心设计，涉及学生思想、习惯、心理等方方面面的教育。

一、德育之光

工作前三年，我一直在思考的一个问题是：在新高考和新课标的双重压力下，在学生和家长对分数的高度期待下，如何增加语文课堂的语文味，在课堂教学中自然而然地进行德育？

我一直认为，语文学科不仅仅是给学生带去知识，更应该给学生带去一些慰藉的力量，这种力量指引着他们的现实生活。就像一位西方医生说的那样：有时治愈，常常帮助，总是安慰。医者如此，师者也是如此。我们常常要从细微之处去寻找帮助学生的契机，而那个契机往往可以照亮一颗原本黯淡的心。

高中语文新教材第一单元标题是"青春的价值"，高一学生正处在人生最美好的青春阶段，他们对自我的认识、对理想的追求和对社会的思考还需要引导。讲到小说《哦，香雪》，课堂上我组织学生探究讨论铅笔盒对主人公香雪的意义，引导学生深入探究小说的主旨内容。学生会通过讨论得出铅笔盒的深层含义，它不仅仅是一个实物，更象征着知识与文明，香雪对铅笔盒的追求其实是追求平等和尊严的过程。讨论到这里其实已经可以了。

鉴于班里有一位自卑又自傲的同学，我把学生们的思考又引向了更深层：我们怎样去获得平等和尊严？要回答这个问题当然不容易。在回答这个问题之前，我给学生播放了白岩松的一个演讲——《只有阅读，才有诗和远方》。演讲中，白岩松谈到1986年自己18岁时关于饥饿的记忆，但那种胃里的饥饿都不如与阅读有关的饥饿的记忆更让人刻骨铭心。他深情地说："文化和精神上的成长比吃一顿饱饭更重要。阅读不仅会让个人变好，也会让一个国家变好。"我想告诉学生的是，平等和尊严是建立在个人的成长和深造之上的，未来是否繁花似锦源自我们当下之努力。这堂课之后，学生会明白一个道理：读书和学习永远都有意义，唯有个人实力才能改变命运。

在后来的语文课堂上，这位同学终于放开心扉，真心接纳自己和大家，开始积极举手回答问题了，有时候还会在课堂讨论时主动担当小组长，发言自信，也很有条理。课间，我注意到她会和别的同学一起打水，会向别的同学请教问题，跑课间操时也不是一个人走了。在后来的周记作业中，我收到了她夹在作业中的小纸条。她说：老师，谢谢你的认可和鼓励，我一定会成为一个让你骄傲的学生，请相信我！我很高兴地看到，她终于找到了自信，也找到了和同学相处的方法。学生的喜悦就在此时和我联系在了一起，这种感觉真奇妙。

二、沉思之灯

一学期过去了，在语文教学中我找到了更多即时渗透德育的契机，当然也有一些是学生偶然生成的。我尝试将德育的内容与教学的内容相结合，将德育的范围从单个学生扩大到全班学生。

学习《百合花》，学生从小通讯员的形象谈开去，讨论英雄对我们的意义，每个时代都有英雄，那些替我们负重前行的人都应该被我们关注和敬重。学习《喜看稻菽千重浪》，学生又围绕科学家袁隆平展开了讨论，关注到老一辈科学家这一群体，从他们身上感受"干惊天动地事，做隐姓埋名人"的实干淡泊精神，感悟民族脊梁的家国情怀。学习《赤壁赋》，深入探索苏轼复杂而又圆融的精神世界。学习《故都的秋》《荷塘月色》，深刻体会旧时代知识分子对国家命运的担忧和关怀。这一次次的讨论和思考看着没什么用处，却在一点一点地塑造一个学生的世界观和人生观。

我希望学生能达到的境界是：关注自身成长，同时关注国家命运。总而言之，在课堂之外，在课本文字之外，我们总能延伸出更多关于现实人生的思考。在这个层面上，我和学生都是点灯人，我们点亮了一盏又一盏的沉思之灯。我相信，终有一天这些微弱的灯光会照亮更多心灵的角落。

三、秉烛前行

美国的著名心理学家斯金纳说：当所学的东西都忘掉之后，剩下的就是教育。知识长期不用是会忘记的，但是能力却可以沉淀下来；灌输想法是很容易忘记的，但是教育的熏陶却可以长久沉淀下来。我们剩下的内容越多，就说明教育是越有效果的。

我教过的第一届学生毕业之后，有不少还和我保持联系。有一个学生在毕业典礼那天请我写一句毕业赠言，他说想要高一那年讲叶芝诗歌时，我给同学们分享的那句格言："冷眼一瞥，生与死。骑者，且前行。"他不好意思地挠了挠头，说想带着这句话走进大学。我惊讶这么久远的一句话，竟然还有学生记得。还有一个女生和找聊起她的大学生活，她说："老师，我永远都记得您在课堂上分享的一篇文章，您告诉我们什么样的大学才是理想的大学，正是那篇文章使我明白大学并不是轻松的，也让我早早地明白要靠自己的努力去一个好的大学。"有时候，我们只需要播下一颗种子，然后，静待花开。

直到工作第四年，我终于可以给自己的思考写上一个答案了。所谓教书育人，其实就是细心观察，见微知著。就像把一块石子投入湖中，那荡起的一圈圈涟漪就是教育的影响。或许微小，却能持续很久。平衡教学与德育也不是那么难。作为一个语文老师，我希望能带给学生一些改变人生的力量。这样，三十多年后，当我从教育岗位上离开时，或许可以稍稍理直气壮地称自己是一个教育者，而不仅仅是个教书匠。将来我可能还会再来完善这个答案。但不论如何，这个基本方向不会变。

语文新教材不仅给我带来了新的教育理念，也带来了新的德育之光。以此为基点，点亮更多的沉思之灯，最终活成一束光。光源者，先熠熠生辉，后照亮他人。教育的意义也许就在于秉烛前行，教师与学生彼此照亮，然后去照亮更多地方，更多的人。

守从教初心，伴幸福成长

青岛八大峡小学　张　娜

怀揣着对教师职业的深切期待与向往，2017年9月，我踏上了教师的工作岗位。时光荏苒，转眼间我已在教师岗位上走过了四年多的时间。回望走过的路，一点一滴历历在目，这点点滴滴的成长与历练，成为我短暂的从教时光中沉甸甸的收获、甜蜜蜜的礼物，让我的内心世界丰富而充盈。

一、名师引领，夯实基础

在新教师的成长道路上，我受益于区教育研究中心为我们准备的脱产跟岗培训、专题培训、专业培训、区域联动培训，区教育研究中心还为我们定制了具体、高效的三年成长方案。

脱产跟岗培训中，师训部为我们每一位新教师安排了一位名师作为指导教师，为我们提供了珍贵的为期四个月的学习机会，在跟岗学校和工作学校参与学科教学培训和教育管理培训，感受不同学校的育人理念和文化氛围。在跟岗培训当中，我跟随师父孙亮星老师研磨课堂、打磨专业，学习到了优秀教师的专业素养与敬业精神，为我以后的教学工作与专业发展打下了良好的基础。

在跟岗培训之余，师训部为促进新教师的发展精心安排了一次次专题培训活动：王红主任的岗位职责培训、王莉老师的班级管理培训、牟海霞老师的师德修养培训、明皓老师的书法基本功培训、颜秉君老师的普通话培训、宋川老师的微课制作培训……丰富多样的培训形式与内容让我们的教育教学素养不断提升，让我们对教师职业的认识更加全面。

为了提升美术新教师的专业素养，化解特长单一的问题，师训部还为我们开展了"一专多能"美术系列培训课程，通过水彩、国画、版画等一次次的美术专题培训，提高我们的造型和表现能力，让我们尽情享用丰富的技能大餐，成功收获累累硕果。

区域联动培训当中，我们每个月都会聆听到本区两位美术指导教师的指导，领略优秀教师的不同教学风格，也有了更多的学习机会和研究方向。

二、以心育人，以爱执教

育人先育心。从多样的培训当中，我感受到老师们对教育的用心。我的师父孙亮星老师用她对教育的赤诚热爱和高尚的师德修养感染着我。她热爱学生、尊重学生，热爱艺术、追求艺术，她身上敬业爱生的品质无不影响着我严格要求自己，向这样的名师学习。孙老师说："学生的求知若渴让我也要求自己不断进步。"我想，我们身为新教师，更应该像师父那样，言传身教，用自身的广博的学识，引领学生在美术的海洋里畅游。

从起初的跟岗培训到区域联动培训，我得到许多以前从未接触过的专业技能：练习书法、学习国画、制作陶艺、刻印版画、微课录制、教材创编……书法的藏锋、顿笔和转折；水彩的清新、晕染和灵动；版画的黑白、疏密和对比；陶艺的塑形、捏制和釉变；禅绕画的放松、牛皮纸画的想象，各种各样的美术专业知识弥补了我以往专业知识和技能的不足，激发起我深入探究美术专业技能的兴趣，也促使我在教学之余，拿出更多的时间疯狂补课，努力让自己的专业素养更上层楼。

信息技术的培训给我的触动是巨大的。专家们对PPT课件制作、网络学习资源应用、微课设计与制作、视频软件的编辑进行细致的解析，使我深深地认识到信息技术对现代课堂的重要性，也明确了作为青年教师要跟上信息脚步、跟紧教育现代化的节奏。因此，我不断地请教和练习，通过教研和自学掌握了美摄、快剪辑、剪映、剪辑师、格式工厂等多个视频编辑软件使用技巧，让多媒体技术充分服务于我的教学工作。经过备课、录制、剪辑、合成、加特效等一系列操作过程完成一节精美的微课并进行呈现，让我的微课更好地给学生引导和示范，解决美术课堂中的重难点知识，丰富欣赏和拓展的内容。

课堂是每一位老师的舞台。新教师培训当中，我有幸聆听了一节节新教师展示课、交流课、区市公开课、城乡交流课、优质课、名师示范课等，学习到不同学科、不同风格老师们优秀的教学方法和深厚的专业素养。教学中通过练习和实践将课堂环节反复打磨，我从不会备课上课，到有了明显的提高，也在师父的指导下进行了一次小小的展示课。展示课的磨课过程中，我第一次紧张地试讲，语言上不太规范，于是，师父帮助我纠正我的教学语言，为我逐字逐句地修改教案，听我反复试讲，最后展示时获得不错的课堂效果。这次展示课让我获得了宝贵的经验，通过师父的悉心指导和对课堂的细致剖析，也让我更加感受到肩上的使命与责任分量，我要努力提升自己的教育教学方法和专业素养，通过我的美术课堂，用智慧引领学生，通过美术学习，获得心灵的净化和审美的提升。

三、沉淀自我，逐梦前行

三年的培训过程中，我的成长和进步可谓巨大。这段时光中，我经历了人生众多的第一次：第一次站上讲台，第一次制作微课，第一次观评课，第一次参与学生毕业作品创作……数不清的第一次，让我从刚入职的忐忑迷茫，到自信满满地站上讲台，也能恰当地应对课堂中出现的各种状况。我探索到属于自己的成长方式。

孩子审美能力的提升离不开教师的亲身引导。课堂中精美的课件、丰富的图片、多样的艺术媒材、新颖的表现形式、有趣的创作过程，每一项教学资料的呈现都是对学生审美素养的浸润。因此在备课时，我也不断提高自己的标准，严格筛选每一项资料，做到尽善尽美。教学过程中，我学会关注每一个孩子，通过丰富的教学资源，为美术课堂注入鲜活的力量，引领低、中、高学段的学生充分提升美术素养、感受美术学习的快乐。课堂之余，我充分运用信息技术手段，获取前沿的教育资讯和美术教学的发展方向，也通过专业杂志和书籍，丰富自己的艺术知识库，让学生在美术技能提升的同时，学习到与时俱进的美术知识，使学生形成对美术学习的持久兴趣，并将这种兴趣发展成为一种热爱生活的情感，让美深深根植在每个孩子的心中。

培训中获得的各项能力，对我产生了持久的影响，让我凭着这股劲，深深地热爱教育教学，也在教育教学中获得了一点成绩：在市南区优质课评选和优秀案例评选中荣获二等奖，执教市南区公开课并在区级教学研讨活动中进行经验交流，获得市、区青年教师基本功一等奖，多次荣获全国、省、市、区级优秀指导教师奖。作为学校美术社团指导老师，我指导学生参与各级各类美术活动和比赛，并多次取得优异成绩。

在未来的发展中，我首先要求自己加强教育技能学习，强化自我修炼。善于在教育教学实践中发现问题、分析问题，总结经验，提高教育教学质量，打造"效率美术课堂"。并在扎实的学术根底与理论底蕴之上，不断加强美术专业技能的学习和进修。其次，教学相长，教研并进，时刻关注教育新动向，广泛获取现代教育信息，加强实践与反思，调整教学行为，形成自我教学特色，站稳讲台。

成长路上，我依然怀着初秋入职时的那份渴望的心情，不断学习、不断琢磨、不断探索，不断收获，真真切切感受教育职业的甜蜜与幸福，我也会伴着这些幸福向成为优秀教师的路上不懈努力。新教师的发展离不开专家的高度引领，更离不开自身对教育梦想的追求，我相信我会继续从历练中汲取精华，丰富自己，潜心研究，踏实进取，在教育这条洒满鲜花的、温暖的路上，用心抒写着教书育人，用爱践行着教育梦想，向着更高更远的目标不断进步。

不忘初心，永远热爱

青岛市实验幼儿园　辛明雪

时光倏然而过，转眼间，我已工作六年有余。这六年间，我由青涩的应届毕业生成长为现在工作得心应手的一线教师，也由一名幼儿园配班老师成长为了班主任、级部教研组长，虽然工作角色有所改变，但我的教育初心却始终未改，那份教育热忱一直在心中熊熊燃烧。

一、选择幼教，源于热爱，忠于初心

为什么想当一名幼儿教师？一定是发自内心对孩子们的喜爱和对成为老师的向往。我想可爱的小朋友们就像小天使，在童真的孩子们身边工作，感觉一定像在童话世界里一样。最初对于幼儿教师的向往，就是如此。不过，扣动心门的时刻，还是在见习听课时孩子们对我说的第一句"老师好"，这一声"老师"，让我的内心不由得一震，感觉到这两个字充满着无穷无尽的力量。在我的教育初心里，不仅有对孩子的爱，也融入了对"老师"二字的敬畏感。

这次见习是在青岛市实验幼儿园，巧的是，2015年的我，怀揣着对学前教育专业的热爱考入了我梦想开始的地方——青岛市实验幼儿园。

初入职时，我是一名懵懂的应届毕业生，对幼儿园工作的认识只停留在课本上，实践经验微乎其微。俗话说，"初生牛犊不怕虎"，工作之初，我斗志昂扬、踌躇满志，园所充满活力的环境，孩子们的童言稚语无一不深深地吸引着我，让我以为自己一开始就能够大显身手。但真正踏入工作岗位后，现实就给了我当头一棒。

开学没过几天，我就感受到了自己的手忙脚乱和慌张无措。我发现自己带不住孩子，不会上课，组织的活动孩子不感兴趣，技能方面有所欠缺……深入工作一线后我才明白，原来孩子们不仅仅有可爱的一面，也有调皮捣蛋的一面；孩子们玩的游戏，不仅仅需要"快乐"，更需要"在快乐中发展"；组织活动时，并不是老师一声令下孩子们就会乖乖听话，要有方法、有智慧；老师不仅要懂理论，也要会实践，唱歌、跳舞、弹琴都要避免有缺项；看似简单的一节课，不仅仅是简单的问答，老师更将教育方法融入在了每一个提问中；每一次活动的展开，不是天马星空，背后蕴含着一次又一次的教研……这些，都是课本里未曾教过我却又难能可贵的体验。

此刻，我也明白，对专业的热爱是我坚持的动力，除了热爱，努力更是实现职业理想的必经之路。

二、以赛促教，提升自我，守护初心

工作第二年是我工作的转折点。

这一年，市北区公开课公开选拔，抱着试一试的心态，我报名参加了比赛。本以为上一节公开课就像平时上一节课一样，只要认真准备，就能够顺利参加，但现实情况却与我的想象大相径庭。

我选择了大班美术活动《我学大师画格子》作为上课内容，第一次试讲还没说两句，我的课便被园长叫停，因为除了活动内容，我的教态、语气都存在着问题，这是我意想不到的事情。明确问题后，我并没有气馁，每晚我都对着镜子练习，重复着每一个问题，规范自己的教态举止，从最基本的做起。每一次试讲，我都会进行录像，回家观摩自己的言谈举止。在之后的每一次试讲后，园长们都会与我一同教研，从绘画材料的选择、画笔的的型号、调料盒的使用方法、工具材料的摆放位置等细致琢磨、更迭，就这样，我更换了十余种材料组合。

大大小小试讲了十余遍后，我发现孩子们的上课状态有了令人欣喜的变化！孩子们在欣赏时变得越来越会观察，小眼睛闪烁着对美术画作的欣赏和好奇，伴随着轻音乐，孩子们认真创作的状态让我动容，在欣赏画作时，每个小朋友都有独到的评价标准……一节课结束，孩子们都纷纷想把自己的专属作品带回家，笑容里洋溢的，除了有对自己的认可，更有对我的肯定！而我也终于做到了对这节课理解、吃透，并最终成功进行了市北区公开课的展示。一遍遍

的试讲，虽然磨练耐心，但也磨出了一节好课，磨出了我对美术活动的深刻理解，为我今后活动的组织奠定了极大的基础。

对我而言，这又是一个新的挑战。这一次比赛，带给我更多的并非紧张，而是不断拓展新领域、挑战自我的快乐。幻想着孩子们借助信息化手段在数学的海洋中徜徉，我莫名地感到兴奋，不断翻阅书籍、上网搜索资料，兴冲冲地解决了一个又一个技术屏障。

在活动中，孩子们果然达到了预想的状态，一个个神采飞扬，课堂氛围非常活跃。我的比赛也取得了很不错的成绩。

大家都说，出一次课好像"扒一层皮"，但我不怕"被扒皮"，反而有种涅槃重生的喜悦。在一次次的比赛中，我不断提高了自身的专业水平，也获得了提高课堂氛围和课堂效果的新手段。

工欲善其事必先利其器。老师必须要有过硬的专业素养，才能担得起孩子的"为什么"和求知的眼神。我也明白了热爱贵在坚持，也必须融入专业。在专业中不断反思，与孩子共同成长，和孩子并肩前行，才能担得起"老师"二字。

三、以爱铺路，用爱沟通，仰望初心

一位合格的幼儿老师，不仅要精于课堂，也要善于班级管理。

对于孩子们来说，除了父母，我们幼儿园老师是与孩子们一天当中相处时间最长的人。在与孩子们相处的过程中，我始终将"爱"字贯穿始终。当孩子哭泣时，老师耐心的询问、细心的疏导能让他们迅速缓和情绪；当孩子遇到困难时，老师的一个微笑、一个鼓励都能让他们获取神奇的力量；当孩子不舒服时，老师及时的观察，能让孩子得到缓解；当孩子出汗时，老师的一句叮嘱能让他们避免一场感冒……

当我把"爱"放在心头时，便会发现一切工作都变得轻松、充盈。

幼儿园工作事无巨细，需要班级成员的密切配合，每天下班前，我都会细致地与班级成员讨论第二天的工作流程及工作站位，做到让每个孩子都落在老师的眼睛里，做到一日活动环环相扣，衔接自然。就这样日复一日的工作，我的孩子们在充满规则又充满爱的环境中快乐成长。

在教过的孩子中，我还遇到过一位情绪问题十分严重的幼儿，当他遇到问题时，总会用喊叫、摔物品的方式进行发泄，有着明显的攻击性。我想，作为一名老师，就要用爱去接纳每一名幼儿。于是，我深入了解了他的家庭环境，发现他问题行为的背后更多的是源于原生家庭所带来的影响，而他内心更需要的，也是一份成人的关爱。于是，在日常教学中，我时常和他聊聊天，和他拥抱，有进步时及时鼓励，让他充分地感受到关心与关爱，渐渐地，他的行为得到了改善，小朋友们更加接纳他，也更喜欢和他共同游戏了，我看在眼里，喜在心上。

对幼儿的细致关注是家园沟通的关键，在与家长沟通时，我实事求是，与家长站在一边，从家长的角度思考，准确提出孩子的进步与家庭指导建议，当爱与专业被家长所感受时，沟通便变得畅通无阻。

此时，我更明白，"热爱"说起来简单，做起来难，而这份初心，是值得我守护和仰望的，我将带着这份初心继续前行！

坚定自信，逐梦前行

青岛西海岸新区育才初级中学　王俊生

　　2022年2月21日，青岛西海岸新区育才初中教育集团青年教师专业发展培养工程启动仪式在育才初中举行。集团领导、骨干教师代表及59名青年教师齐聚一堂，汇聚力量，共同勾勒青年教师专业发展的蓝图。启动仪式上，青年教师的表态发言与骨干教师的经验分享给予了与会者足够多的启发，引起了大家的共鸣。作为与会的一员，我也受益良多、感慨良多。

　　临近不惑之年，回望自己的成长历程，离不开前辈的指导，更离不开自己的坚守。之所以把自我坚守看得更重要，因为它是青年教师自我突破的原动力。由于在我的成长历程中，缺少这种学校搭台、名师引领、系统推进的培养模式，所以我的成长历程是曲折的，发展的高度也有限。而如今，我深切体会到系统化培训体系的重要性，它不仅能给学校的发展提供源源不断的原动力，更能让青年教师的发展呈现梯度，让每个青年教师都能看得见自己的未来，预知自己的最近发展区，目标导向更清晰明了。每个青年老师都应当珍惜学校用心搭建的成长平台，在此平台上多赛课、多展示、多实践、多反思。相信在名师的引领下，这种抱团成长的模式能让青年教师更快地成为学科骨干。

　　在此，我也给青年教师提出四点建议。

　　首先，青年教师应该选择一条正确的成长路径。青年教师要确保自己有主见、有持久的思考力，防止自我迷失。青年教师不管是提炼经验还是磨课赛课时，都要先表达出自己的想法或观点，此时切忌东张西望，这是自修自悟的关键阶段。另外还要博采众长，上下求索，借鉴运用，在自修自悟的基础上，借鉴他人的经验与成果后再回调自己的设计，确保它符合行业标准。再就是要"货比三家"，要在实践展评中检验自己的成果。这是前辈传授下来的关于青年教师成长的路径，也是经过检验的正确的成长路径。只要做个有心人，我们每个教师都可以提炼出有价值的教育故事或教学成果，通过分享不仅能让更多人受益，也会让教师对教育的感悟更加真切，进而让我们的成长一步一步走深、走实！

其次，青年教师在成长过程中应该具备持续的职业竞争力。作为教师，尤其是青年教师，要避免让自己长期处于相对舒适区，而应以有适度的压力感为宜，这有助于教师保持持久的竞争力，可有效防止教师产生职业倦怠。对比看来，教师这个工作，行业竞争是相对缓和的。这里的缓和不是指教师的工作量，而是指这份工作受监管的力度。在我看来，我们的课堂在很大程度上是缺少有效的过程性监督和监管的。虽然每个学校将教学质量纳入教师考核，也有相应的干部巡课反馈与学生评教机制及教学常规检查措施，但这些措施的力度和覆盖面是远远不够的。这就使得我们的课堂处于一个相对宽松的环境中，教师容易自我满足，自我懈怠。一旦教师习惯于这样宽松安逸的环境，那么我们课堂设计的深度与精度、课堂的驾驭能力都会在无声无息中失去特色，失去深度，失去创新，而变得乏味和平庸。课堂是教师的立足点，是教师展现职业价值的重要阵地。平庸的课堂对教师的打击往往是致命的。因为平庸，我们难以得到同行的信赖和赞许，难以得到领导的肯定与激励，难以得到学生的仰慕与爱戴，进而导致自我迷失，不再具备上进心，不敢于自我突破，往往会产生沉重的职业负罪感，工作失去活力，生活也难觅欢乐。在教师成长过程中有诸多方法可以避免上述悲剧现象的发生。多参与各层级课例竞赛与展示是教师提升授课技能、保持职业竞争力的不二法宝；勤于撰写教学反思和教育故事是教师保持思考力的不二法宝；从细处着手，进行课例研究是教师实现学术成就，保持工作热情与活力的不二法宝。

再者，自信自强应该成为青年教师成长历程上的座右铭。青年教师要给予自己足够的认可，正视自身的优缺点，扬长避短。青年教师要有坚定的自我认同，不要因为他人在某一方面甚至多方面的才华与才气超越了自己而否定自己，导致自己产生自卑心理乃至丧失自信心。从生物多样性和生物进化的角度来看，每个个体都有其存在的价值。每个个人成长的顶点（也称之为天花板）并不是取决于最初的亮相水准，而是取决于个体的思考力、持之以恒的决心、团队建设的共进力。在我们身边有两种很典型的人。一类属于外向的、敢于展示、善于表达的类型。而另一类典型的群体，他们反应慢，甚至不善言辞，表达能力有限。第一类人具有极强的语言驾驭能力，他们思维敏捷，讲话时往往滔滔不绝。这类人在即时展示环节具有很强的优势，他们能够在极短的时间内，接近甚至达到他们能力的天花板，将其最大的才能示人，一时会镇住很多人，让人信服。但倘若再给他们一些时日去准备，一少部分真正的精英会继续脱颖而出，多数人可能会原地踏步，初次展示出的才能就是他们的天花板。第二类人，由于他们表达能力有限，在即时展示环节很难将自己的全部才能展示出来。但这类人群中有一大部分，只要给予他们足够的时间，他们完全可以达到自己才能的天花板。如果他们善于思考，那么他们看待问题的深度与思考问题的深度会随着时间推移而越发精辟，其天花板的高度甚至会远远地超越第一类人群。所以，不管你是哪一类人，尤其是属于第二类人群时，请务必保持自信心。每个人，只要对事认真、持之以恒、肯于付出，就能得到持续的发展。根据我的社会观察，在社会的各行各业中，往往一开始所谓的最有才华的那一个个体，并没有成为本行业成就最高的人。相反，认真、执着的那个人才是最耀眼的行业翘楚、业界精英。执着之人的成长历程是乌龟赛跑的真实写照，是蜗牛爬上石榴树品尝酸甜的喜悦，值得借鉴与推广。所以，请务必保持自信。

最后，青年教师要对自己有基本的认识，要正确判断自己所处的发展期。教师的成长一般可以概括为六个时期，在不同的时期，要学会借助不同的力量。第一个时期是入职期，此时面对工作是彷徨的、无助的，没有目标性，最好的策略就是跟着骨干教师，学会跟着走。第二个时期是工作第4至第7年左右，被称为职业稳定期。此时，教师积累了一定的教学经验，具备了基本的技能，也树立了一定的自信，工作比较从容，是事业的愉悦期。从第8到第25年则为第三个时期，这个时期比较漫长，也是个体发展的分水岭。这个时期考验教师的自我反思能力和自律性，是教师成长的关键时期。在这个时期，如果个体不能脱颖而出，则会很快进入第四个时期，即疏远期。疏远期持续很短，对多数教师而言会在不经意间进入抱怨期，即第五个时期。这个时期的人，自我难以满足，对单位、行业乃至社会有诸多的抱怨与牢骚，往往会抨击社会体制。处于此时期的人，对青年教师意志力和发展决心的打击和消杀是致命的。所以

153

青年教师，要学会判断你身边的同事正处于哪个时期，有选择的去超越，而不要掉进抱怨的深渊。最后一个阶段是退休期，此时欲望与想法均趋于平和，这个阶段的教师一般不会产生过于悲观的情绪，反而会给人一种亲和的感觉，并且想尽可能地将自己的感悟告知年轻人，诚心诚意地帮助他们。

千里马常有，而伯乐不常有。青年教师在充满青春活力、饱含激情的年龄恰逢这样一个适合青年教师成长的平台，实乃人生幸事！希望青年教师，能够真正将理论与自己的成长实践结合起来，正确地审视自己，实现长远发展。

在做事中磨砺自己，在谦逊中获得成长

青岛十七中　陈　喆

一、初见：从学生转变为老师

今天回想起2019年的那个秋天，我第一次来到青岛十七中，与领导谈话、试讲，在教学楼中兜兜转转的画面仍历历在目。两年过去，我已经成为一名工作两年的班主任、语文老师。从学生到教师的身份转变是奇妙的，是我内心走向成熟的一次蜕变。

近三年来，大量的年轻教师走向工作岗位。我仍处在刚入职两年的求生期，论教学能力，走上过更大舞台、获得过各类奖项的青年教师大有人在，他们都是榜样；论班主任管理，我也仍战战兢兢，如临深渊，如履薄冰地摸索着，凭着一腔热血，不断学习探索。但教育，总归是一份摸着良心做事的工作，时间花在哪是看得见的。

两年来，我的教师生涯从平度的新教师培训开始起航。在学校领导老师的关怀下，我代表学校参加各类比赛，我站好讲台；锻炼自我，开好班会；年级对我体谅、包容，新入职的一年中，学生问题、家长问题接踵而至，在我无助、不知所措的时候，年级其他班主任老师愿意主动帮助我，年级主任愿意积极出面，与我一同对接家长，解决问题，这些都让我非常感动、感恩、感谢。这一年来，我带的班级能够成绩稳定、学生诚恳、能获得家长信任，绝不是我个人的功劳，而是整个学校团队的功劳。

二、成长：从接受落差到勇敢跃进

我深知高中三年对一个学生的重要性，既决定着他未来的专业方向，又勾连着他未来的生活态度。所以我立志要成为一名高中教师，希望我的学生可以享受高中三年的拼搏时光，享受高考这场特殊的成人礼带给我们的荣耀。所以我先后就读汉语言文学、学科教学专业，一路顺利毕业、就业。

刚毕业的时候我孤高自傲、目空一切，觉得我有最先进的理念，教好课是非常简单的事情。但很显然，有这种想法的人，一定会摔得很惨。高一第一次月考，我的对班语文成绩位列年级第13名。那天我在班里训斥学生不努力、上课嘻嘻哈哈，以至于一年后的他们还时常在谈笑间提起那场"盛况"。孩子们其实很无辜，他们觉得他们错了，但实际上是我错了。

我对读研时导师的教诲记忆犹新，她说："学生们是很可怜的，因为他们没有办法选择老师，他们遇到了你就只能跟着你学，所以你们一定要好好努力，学好专业知识。"在我们求职就业的时候，大家纷纷立志：一定要去最顶尖的学校教书！但今天再回想，扪心自问，我们又是否在读书时成为了最顶尖的学生呢？如果不然，我们又凭什么进入最顶尖的学校呢？认清自己，摆正心态，便是一名新教师最该获得的成长。

我在对班发的火，只不过是自己所谓的自尊被击碎后的无能狂怒罢了。

于是，我懂得了谦虚和反思。我开始坚持每节课后写教学反思，班主任工作繁多，有时刚上完课回办公室就有新的工作扑面而来，忙完后再回想上过的课记忆已然断层，我就上完课后拿着手机录音，自己说这节课上得怎么样，哪里还可以再提升，下次再上应该如何设计。不断梳理、反思、听课、请其他老师评课、看论文……做一切自己觉得对的事。这两年里，在我的两位师傅于志芹老师和徐洪菊老师的鼓励与帮助下，我参加了青岛市语文教研，并就青岛市青年教师基本功大赛课例撰写了论文。在教研活动时交流发言，得到了教研员杨富华老师的肯定与鼓励。我还积极参加各种学习，珍惜每一次展现自我的机会，例如，参与青岛市高一期末统考阅卷查标、报送课例等等。2021年下半年，我还有幸在全市开设公开课《从〈将进酒〉读懂盛唐李白》。这些经历共同构成了我成长路上的一块块基石，前路依然很长，而我时刻准备着接受任何磨砺！

我结合自己的学习与实践，不断向同组的老师请教，大家都愿意积极给我提出建议。我在办公室同组老师的身上学到了如何深挖学情改进教学，学到了如何在作业中给与学生更积极的鼓励。我将这一年来学到的知识运用到教学设计上，撰写了单元教学核心目标的相关论文，并积极投稿，参与教研。

在这一年的工作中，我明白自己欠缺的东西太多，我必须埋下头来，踏实勤恳，不抱怨，不找借口，做一个扎扎实实做事的人。我相信一句话，时间花在哪了是看得见的。做一名老师，我们真的需要学习肯把时间与精力花在学生身上的工匠精神，去厚植这种扎实教学、扎实班级管理的工匠精神。

三、带班：用出于真心的灵魂伴学生成长

在我担任班主任工作的两年里，我将"真诚"与"公平"视为准则，在对待学生和家长的时候时刻记得真诚相待、公平相待。

按照学校统筹安排，我们高一下学期期中考试后就正式开始选科走班，因为学生调科较多，我和郭老师班又比其他班多了一次重组的过程，所以在这一年里，我和郭老师可以说是先后担任了三个班的班主任。这是我的宝贵财富，因为我得到了在最短时间内以班主任身份接触更多学生与家长的机会。

在班级日志刚推行的时候，大部分同学还没有搞清楚班级日志应该写什么，在开学第一个月，班级日志写的更像是流水账，只是简单记载了每节课讲了什么内容。我发现了这个问题，但我并没有急于纠正，因为刚开学一个月，同学之间相互都不熟悉，更不用说同学和老师之间的关系了。这个时候，让同学们在班级日志中记载班内生活琐事其实并不现实。在十一假期回来之后，趁着班委换届，我便提起了班级日志的写法，鼓励同学们在班级日志中写点俏皮话，告诉同学们班级日志是将来毕业之后你们对高中生活回忆的载体，并且明确告诉同学们，老师不会经常看班级日志，鼓励他们放心大胆地写。

自此之后，班级日志的文风发生了转变，能够明显看出同学们对班级日志的热情开始提升，语言更加有活力，记载的事件也更加贴近生活了。在此之后，我会偶尔查看班级日志（基本一个月一次），从这个角度了解班内发生的各种事情，对班内的整体氛围也就了然于胸了。

除了班级日志之外，读书笔记也是同学们与我交流的一个重要媒介，很多同学不敢当面说的话都会写在读书笔记中。对于读书笔记的引导，我采用了和班级日志相同的思路，开学之初不着急让同学们在读书笔记中抒发自己的想

法，其至我都没有对读书笔记的内容作出明确的要求，只是单纯规定每个周要完成3篇摘抄和1篇原创。开学一个月后，我进一步明确读书笔记的完成要求，告诉同学们原创的内容最好展现自己的一些读书看法、生活小情绪等，并且说明如果写的是这些内容，我会写互动的评语。自此之后，虽然大部分同学依旧停留在简单的摘抄或读后感上，但已经有部分同学开始转向记载本周发生的精彩瞬间：或是自己对时事新闻的看法，或是对班内事件的记载，或是自己遇见的几件小事等。我对写了这类内容的习作都给予积极的正面肯定，从而鼓励更多同学开始写写自己身边发生的生活小事，鼓励同学们用参与者的眼光关照社会。在训练学生观察、描写能力的同时，也搭建起了我了解班内同学思想动态的桥梁。

四、结语：士不可以不弘毅，任重而道远

前路宽广，我的教师生涯刚刚起航。欠缺其多，诚惶诚恐，唯有不断努力充实自己，才敢说一句没有误人子弟。

我将继续秉持谦逊的心态，积极进取，不断学习，脚踏实地，扎实做事。士不可以不弘毅，任重而道远。

将理论扎根　让实践升华

胶州市上合示范区实验幼儿园　姜　晓

作为一名硕士，我初入幼儿园职场，难免存在种种不适应。工作半年，我一直在寻找，寻找所学理论知识的落脚点，寻找幼教工作的本质，也在不断寻找自己。比起结果，我更在意过程；比起事事顺意，我更期待好事多磨。我的教师生涯刚刚启航，但教育之路没有终点，唯有不断扬帆，方能无愧初心。

带班之路：经验与智慧

进入大班，很幸运遇到一名事事认真、经验丰富的班主任。我深知，虚心好学是一名教师应保持的基本素养。因此，在日常带班过程中，我会仔细观察老教师的工作流程与处理突然应急状况的策略，也会及时与班主任沟通带班过程中的想法与问题。在这个过程中，我深深感受到，许多智慧，是必须在时间的积淀和经验的积累下才能生成的，是需要静下心来经历与体验才能收获的，这是专属于自己的宝贵财富，是不能复制的。当我开始理解了这一点，我更愿意去俯身感受带班日常中的点点滴滴。"生活不仅有诗和远方，更有一地鸡毛。"带班也是。看到孩子们的进步，感受孩子们给予的温暖与幸福的背后，是与孩子们的斗智斗勇和心力交瘁，是在无可奈何中寻找新的突破点，是多次尝试后逐渐突破瓶颈。因此，时刻保持教育的初心，扑下身子学习，不断积累经验并进行思考，形成属于自己的方法集，是作为一名教师最基本、也是最重要的要求。

一次误会：孩子就是镜子

作为一名新教师，我深知家园沟通的重要性，但在实际工作中却仍然存在畏难心理。在我入职后的第二个月，曾有一名女孩的妈妈在微信上联系我，表示孩子最近排斥上幼儿园，情绪比较激动，原因是孩子认为我不喜欢她。家长的消息像是给了我当头一棒。我快速在大脑中反思日常与这名幼儿交往的情况。这名女孩喜欢与老师交流，也会在教师面向集体讲话或者正在和其他幼儿说话时突然打断。通常我的做法会是让她先到旁边稍等一下。但在我有这种回应后，她就会默默地走开。或许我的反馈让她误以为我不喜欢她。在我意识到这个情况后，我与小女孩聊天，她表示她最近不想来幼儿园是因为觉得其他小朋友不喜欢和她玩，老师不喜欢她，妈妈也不喜欢她。

在了解了相关情况后，我与孩子的妈妈进行了深入的交谈，了解到孩子原生家庭的家庭氛围是造成小女孩易敏感、不自信的重要原因。据此，我也与家长共同讨论教育方法与技巧，希望能通过我们的共同努力，让孩子能够自信、乐观地与他人交往。

自此，我开始逐渐找到与家长沟通的信心与成就感。这是爱与责任的传递，也是促进孩子发展不可缺少的合力。同时，我也意识到，孩子就是镜子，孩子的表现、反应、情绪状态及对老师的评价等，都能映照出一位教师的教育方法。在不知道如何认清自己时，仔细从孩子身上看看自己留在他们心灵的痕迹，或许，会有所收获。

面对加班：累并快乐着

一所新园的发展，一个新班级的生成，一名新教师的学习之路，一定会有加班的陪伴。之前，我将"加班"等同于没效率，对加班持有排斥的态度。但是，真正进入工作岗位后，我逐渐发现，有太多的事情，是必须付出更多的时间与精力才能保质保量完成的。比如，在对幼儿的游戏进行观察后对区角材料的调整和更换；比如，在一个主题活动结束后对新主题材料的提供与改变；比如，班级或幼儿园材料的整理与归档……我一直相信一句话：努力永远不会白费。我有在生病难受的状态下还要继续加班的无力感，也有在想懈怠时的自责感，也有因为工作忍受疲惫与饥饿的烦躁感，但是更多的是在完成工作时的安心感，是被认可时的成就感以及在看到孩子充满幸福与惊喜时的满足感。

我越来越相信付出的力量，正如一万小时定律，一万小时的练习，是有所成就的必经之路。

完善课题：知识是力量

我有着三年系统学习科研的时间与经历，这能够帮助我习惯性地用发现问题的眼光看事情，并积极思考对策。较为丰富的理论知识是我的优势，但实践能力的缺乏也是我的短板。为充分发挥自己的优势，弥补自己的不足，我积极参与到幼儿园的课题中去。在撰写课题的过程中，我感受到以往撰写的论文与进入工作岗位后的论文有着明显的不同。在学校时，论文更多是以读书、阅读文献形成的思辨为主，而在幼儿园中，落脚点则更小更细。科研应从孩子中来，回到孩子中去。如果说知识就是力量，那么幼儿就是着力点。在参与课题研究的过程中，也是我不断学习、不断将理论落地的过程。我需要补充更多与幼儿相关的知识与经验才能帮助自己更好地做好科研。我也通过亲身经历明白：教学与科研是不分家的，也是不能分家的。只有不断发扬自己的优点，弥补自己的不足，才能不断进步。

面对未来：乐观且坚定

半年的工作时间，我在不断的调整和适应，也在不断学习与探索。宝剑锋从磨砺出，梅花香自苦寒来。每一个优秀的教师都怀揣着教育理想，他们天生"不安分"、会做梦。与理想相伴的应该是坚守，在追求教育理想、享受教育幸福的路途中，只要行动就有收获，只有坚持才有奇迹。对未来，我乐观，且坚定！

成　长

——学习的脚步不停

崂山区麦岛小学　许庆鑫

　　回顾三年多的教师生涯，似乎看到的都是自己忙碌的身影，无论是备课亦或是教研、还有那站在学生面前的自己。扪心自问："我是一个好老师么？"答案或许不是由我制定，但却由我书写。走过三年为师之路，成为一名不可替代的体育老师，为孩子的健康成长尽最大的努力一直是我努力的目标，我也为此在不停向前。

一、项目式学习，激发学习兴趣

　　当今教学不断提倡培养学生的核心素养，而基于学科特点又区分为单独的学科核心素养，更是不断强调培养学生的能力。那么如何培养学生的核心素养和能力，也就成了我一直以来思考的问题，一直思索却苦无答案。而今了解项目式学习的五大特点：与真实世界连接，切中学习的核心，有组织的合作，学生驱动，多元化的评价。我想，把这五大特点联系到一起，不正是培养学生核心素养和能力的方法吗？

　　一切问题的真实是就好像我们体育训练过程中的，要从真实的比赛场景剖析出技术环节，进行练习和学习。那么要适应未来社会的发展，培养未来社会所需要的人才，就要求我们从社会真实的需求出发、从实际的问题出发去培育学生。对于体育学科而言，运动能力、健康行为、体育品德都是教学当中的重点。从要培育学生哪一方的的素质实际出发，真实思考，精确培养，就是我现在所需要的。

都说兴趣是学生最好的老师，项目式学习中最让我感兴趣的一点就是它的学生驱动。通过问题驱动，学生参与提出问题和设计，充分调动学生的积极性，让绝大部分学生更愿意、更喜欢和老师一起学习，甚至主动要求老师带领学习和自主学习，这是普通教学很难达到的。而在日常的体育教学中，更是普遍存在学生喜欢体育，却不喜欢体育课的现象。传统意义上的体育教学，仅仅以教会学生运动技巧和提高学生身体素质为目标，很少考虑学生的发展需要和兴趣，所以才出现了学生喜欢体育，不喜欢体育课的现象。而现在，随着美国spark教学模式的引入，以及中国KDL教学模式的应运而生，虽然重点还是要提高学生的身体素质和运动技能，但已充分考虑学生的学习兴趣，老师在课堂当中更是走进学生，大大提高了学生的积极性。我想这不正符合我们的项目式学习的学生驱动吗？

二、专业书籍、促进教学提升

一堂好的体育课就像一杯清冽甘甜的美酒：那透明的色泽像清晰明确的教学目标，馥郁的芳香就是层层递进的教学环节，醇厚的口味好比适合学生的难易程度，无穷的回味就是老师独具特色的教学风格。就是这样的一杯美酒，一堂课，让教师充满享受，让学生乐在其中。

孩子的笑容是上天最好的馈赠。想要让孩子在运动场上笑出来、动起来、学得会，就需要我考虑到学生的运动兴趣与需求。教学内容的选择和设计应让学生更有参与感，并与学生已有的体育经验和生活经验相联系，去激发、培养他们的运动兴趣，调动学习的积极性，从而培养终身锻炼的意识。

向老师说：他喜欢在夜深时写教学的反思或心得，喜欢在看别人课时挖掘他们的某个亮点，而后一定会运用到自己的课堂上。喜欢钻教学的"牛角尖"，那样可以在实践中让他明白对与错；喜欢在教学中"玩新花样"，总会让他有新收获；喜欢在教授每个动作前学会或练习巩固自己的技能，让自己在学生面前充满自信。"正是这一个个喜欢，让他情不自禁地爱上了学习，爱上了研究，也对体育教学有了更深层次的理解；正是这种绝不落后的心态，让我看到了专家独特的教学精髓，让我发现了体育教学的博大精深；也正是向老师这一个个喜欢，让他成为一名不可替代的体育教师。同时也是这一个个喜欢，为我提高自己的教学能力，指明了努力的方向。

体育是一个多融合的学科，是以身体练习为主要手段进行学习和锻炼，而育人功能和德育教育更是体育不可分割的一部分。夏武老师的"核心素养+专项学习"教学模式，以及任海江老师的"身体是教育，足球是教材"融合式足球校本课程，都充分发挥了体育教学所独有的育人功能。让学生不单单是学习体育知识与技术，更是在体育学习中渗透其他学科，以及促进德育、智育、美育的教学。体育人要正视自己的位置，也要明确自己所担负的重大的历史使命，学生身体素质的提升，终身体育活动意识的培养，安全意识的养成，包括规则教育、挫折教育等等。体育是最美好的教学，学习《星教师》更是让我一个新教师学到了很多老教师的经验，学习到许多先进成熟的理念，也得到更多的教学启发。

三、专家引领，提高科研本领

学校每周四都会请体育教学专家走进学校，对青年教师课堂进行跟踪式指导，使作为青年教师的我，课堂教学与教学设计水平得以稳步提高。学校于2021年7月加入"华东师范大学体育与健康学院"牵头成立的"中国儿童青少年健康促进学校"，使我更加能够与专家学者进行交流学习，不断提高教学能力。自加入项目组以来，我参加的线上培训就超过十次，每次培训过后都有满满的收获，同时积极参加项目活动也提升了自己的教学与科研能力，了解最新的体育教学动态也便于自己掌握更好的教学策略。

经过三年的教学与学习，自己有了很多的想法，也有很多的憧憬：对于自己的体育课一定要在不断的尝试中找到自己的风格，在课上要教给学生的，不只是枯燥的技术动作，更要让学生在体育课上笑出声音，动出本领，玩出心得；对于体育的意义，校园体育的责任与意义重大也不用多说，重视自我，价值重视每堂课，把握体育中德育与素质教育的基本要求，并且融入到日常教学当中，发挥自己专业优势，不忘初心，砥砺前行，不断积累与成长。

快乐耕耘，在收获中前行

胶州市第二十九中学　柳蓓蓓

2016年，怀着对未来新旅途的憧憬和向往，刚毕业的我凭着自己的努力和运气，成为了一名农村教师。在进入学校之前，我心中对学校工作充满了好奇和期待，好奇的是教师的日常工作，期待的是与孩子们的相处。

【入职篇】

最初两年，按照规定，我会在市里的学校挂职学习，也正是这两年，让我在思想上，对教师的工作有了很大的转变，让我意识到我的事业是一条艰辛但又幸福的曲折之路。

第一次作为教师见到孩子们是在开学第一天，学校组织开学考试，我被分配了监考任务。还记得我踏进校园时的紧张心情，对自己已经不是学生而是教师还没有实感。当我拿着卷子进入教室的时候，看见孩子们整齐、安静地坐在位子上，齐刷刷地打量着我，我的全身都在发抖，不敢说话，只是跟着另一位老教师分发着卷子。当孩子们开始答题时，我才慢慢放松下来。监考过程中，我努力适应教室的环境，想象着我要站在讲台上给这些孩子们上课的情形。我突然意识到我是多么渺小，心里不停地问自己：我能教会他们吗？他们会信任我吗？他们会认为我是一位优秀的老师吗？

第一次上课：在老教师们的建议下，我在踏上讲台前，听了两节老教师的开学第一课。第一节化学课就要给学生演示实验：点燃镁条，金属和酸的反应、碱与酚酞、碱与盐溶液的反应。学生一定很期待，我也很紧张很兴奋。这是我第一次作为他们的化学教师亮相，我非常在意学生对我的评价。虽然自我感觉这节课准备得很充分，但在自我介绍时还是非常紧张的，随着慢慢地进入课程主题再到演示实验赢得学生的欢呼和掌声，我的心才踏实下来。上完第一节课我很满足，觉得我是成功的。

第一次对教学自我反思：月考成绩下来后，我陷入深深的自我怀疑中，为什么我的学生知识掌握的不好？我在制课件、教学语言、教学环节上下了很深的功夫，每天备课到深夜，为什么我的努力没有得到回报？在虚心请教老教师和长时间的思考后，我找到了原因：我根本没有关注学生，这个知识点他们是否真正学会了、记住了、会运用？我在上课时关注的是我自己的讲课是否流畅、引入是否新颖、知识点是否讲完。我在跑课件、走过场，对学生的掌握情况没有深入的了解、落实。

那时候的自责和内疚，到现在我一直都记得，一直提醒着我要时刻关注学生、要时刻把学生是否真正学会、弄懂、会用放在第一位，而不是一味地追求课堂上虚而不实的华丽。

【成长篇】

入职第一年，在我彷徨之际，我有幸成为初中化学名师袁茂华工作室帮扶的青年教师之一。一年的时间，在袁老师的指导下，工作室的老师们带领我们青年教师一起学习、成长，让我倍感团队的魅力。它不仅带给我快乐、温暖，更多的是让我在教育教学岗位上充实着、实践着、思考着。

书籍引领我的教育之路：如果说行动收获经验，那么读书就是站在前人的肩膀上，汲取着营养。初入工作室，袁老师就强调了读书的重要性，读书不仅可以让我们了解到新教育的思想、行动，也会给在教育之路上摸索前进的我们提供新的航标和方向。袁老师为我们选择了《做一个学生喜欢的老师》这本书，阅读这本书，让我感觉走进了于永正老师的课堂，走进了他的教育教学活动当中，领悟了许多让学生喜欢我们的诀窍。工作室还对此书举行了读书交流活动，让我们谈谈读此书的感受和体会。通过交流讨论，我更清楚地认识到书中于老师的教育理念，学习到于老师好的教学方法——承认差异，尊重差异。没有差异，教育的价值大概就失去了一半。在我的课堂上，经常会出现这样的情况：有的同学表现非常活跃，发言争先恐后；而有的同学则反应比较慢甚至没有进入思考的状态，还没想明白，其他同学就早已说出答案。这时候如果我为了赶进度而只在乎反应快的同学继续往下讲，那我的这节课注定是要失败的。所以我们应该给这些反应稍慢的学生时间去思考，尊重学生之间的差异，当大部分的学生都感到这节课我有收获时，也就符合我们备课的初衷。

在袁老师的影响下，我也逐渐养成把一些触动我心灵的语句摘抄下来的习惯，写上自己的感悟，每当翻开读书笔记，都感到收获的充实和喜悦。

第一次参加说课比赛：2016年12月20日，工作室举行了青年教师说课比赛，比赛的课题是《碱及其性质》和《酸碱中和反应》。每一位说课的老师都以自己的特色诠释着化学课堂教学，很多老师的精彩说课给我留下了深刻的印象，自叹自己要学习的地方还有很多。

在比赛过程中，通过观看其他老师的说课，我深深地感到自己在说课技巧方面、内容方面的不足。在此次说课比赛中，有很多老师都给我留下了深刻的印象，他们落落大方的仪态、侃侃而谈的表述、举手投足的自然教态仿佛在脑海中重放；以及对教法的灵活运用、加之精湛的说课技巧、精美的课件，使我深深感受到他们对教材的深刻解读，感受到他们对课堂的准确把握。工作室的各位评委老师不辞辛劳，不惜耽误自己的课时，仔细地记录每一位说课教师的教学亮点和不足之处并与我们交流分享，这让我们青年教师深受感动和鼓舞。

这次说课比赛，不仅检验了我们青年教师的教育教学水平，也为我们提供了展示交流的舞台，对青年教师的进一步成长起到了积极的推动作用。在我们备课到说课的过程中，对教材的再创造，对教案的多次修改；老师们对我们的课提出的意见、建议，我们针对不足之处的改进和提高的过程，都是我们参加说课比赛的最大收获。

【在职篇】

时光飞逝，两年过去，我带着新的信心和期待，回到了原工作单位——位于农村的一所中学。回想自己在市里挂职学习的点点滴滴，让人难以忘怀。虽然那两年感觉很忙碌很艰辛，但更多的是体会到自己成长的欢喜、体会到收获的快乐。

在刚回原单位的第一年，我又遇到了新的挑战。农村的孩子与市里的孩子无论在知识上还是学习习惯上都差别很大。我用在市里教学的模式给这些孩子们上课，发现效果差强人意。很多孩子在课堂上的注意力很难长时间集中，对待课后作业态度不端正。回来的第一年，我感觉自己在经历一个适应期，一直在适应这些孩子们的学习状态，这让我很有挫败感，自己对教学的热情也有些下降。

回来的第二年开学前，我调整了所有的教学课件、教学设计来应对新一届学生的化学学习，我把重心放在提高课堂效率上，让学生当堂掌握重要知识点并进行练习，效果显著。但真正改变我教学方式的是去年的改科教学。

第一次改科教学：因学校工作需要，2020年我被分配了艰难的改科教学任务，由化学改成生物。虽然都是理科，但让我带的是会考班的生物教学，在知识上、考点上我都不了解。为了高效率地了解考点，我就进行了一整年的先听课后上课的生物教学模式。在教生物的过程中，因为熟悉课件太费时间且让人抓不住重点，我把课堂的主阵地放在了课本上。在前几年的化学教学中，我和学生们的课本一直都像是摆设，背诵知识点都是在学案上，课本基本不用。但是生物教学改变了我的教学习惯，我发现课本真的是一件非常好的教学材料和学习材料。重要知识点的圈画能让学生加深印象，且课堂效率大大提高，有更多的时间可用来练习题目而不是单纯地跑课件。这一年的生物教学让我学会了如何让学生把考点掌握扎实、如何让学生回归课本去记忆知识、串联知识，形成知识网络。

几年的教学时光让我在忙碌中找到了充实，在细微中理解了认真，在总结中得到了反思，在反思中收获了经验。在日后的工作中，我还是会跟紧老教师们的步伐，不断地学习和积累，一分耕耘，一分收获，我一定会继续快速成长。

守初心，做有温度的教育

青岛幼儿师范学校附属幼儿园　宋　瑄

守初心，方得始终。

作为一名青年教师，在经历过层层把关、严格筛选后终于步入教师这个神圣的岗位，我不禁思考，作为新时代背景下的青年教师如何践行初心和使命、如何坚守教育阵地。新教师集体宣誓的情景历历在目，身为青年教师，年轻气盛。任何时候都要秉持浩然正气，任何情况下都要充满自信阳光。我们面对的是天真无邪的儿童，他们是祖国的花朵，是民族的未来和希望，所以我感受到肩上的责任重大。体会到人生须知负责任的苦处，才能体会尽责任的乐趣。既然选择了教育事业，教书育人便是我的初心，立德树人便是我的使命。

记得实习那会儿，面对孩子们稚嫩的疑惑，看着他们天真的笑脸，我心想：和小朋友待在一起的感觉真不错，以后就做一名快乐的幼教工作者吧。而当我踏入工作岗位时，我才切实感受到师者如行者，永难停歇行进的脚步，教学之路任重而道远。但我绝不轻言放弃，应该拿出"吹尽黄沙始到金"的毅力，拿出"直挂云帆济沧海"的勇气，去迎接每一次挑战。因为有梦想，更要有行动。理想可以有厚度，幻想可以有高度，梦想可以有深度，但最终需要行动。再长的路一步一步才能走完，再短的路，不去迈开双脚永远都无法到达终点。在永无止境的教育之路上，我坚信只要怀揣着梦想，不忘初心，砥砺前行；只要我能做一个最懂孩子的老师，用仁爱之心去帮助和引导孩子，用赤诚之心去丰盈他们的灵魂，用奉献之心去温暖他们的心灵，就能一路披荆斩棘，所向披靡。

以仁爱之心启迪人性光华。

笃学尚行，"笃学"是基础、是前提；"尚行"是关键，是途径；笃学尚行，教师在育人、成就孩子的同时也是在成就自己。这个职业不是简单的"教"授知识，需会"十八般武艺"，运用"三十六计"去面对不同性格的孩子，引导他们健康、积极成长。作为一名青年教师，不论是从教学或教育的角度出发，爱孩子都不仅仅是一种心境，更是一种能力。老师对孩子的爱是纯粹而深刻的，运用师爱这种强有力的教育之光去对待不同个性的孩子，帮助孩子扣好人生第一粒扣子。

"不是槌的打击，而是水的载歌载舞，使鹅卵石臻于完美"。当我开始幼教生涯时，这句名言给了我极大的震撼，我深深地感到教育的真谛蕴藏于此。本以为我的工作简单而单纯，却发现一切并不是那么简单，孩子们似乎比想象中要难以控制。在幼儿园中为幼儿建立常规是十分重要的，尤其是进餐环节，老师会不定时地告诉孩子正确的进餐礼仪，形成良好的常规。即使老师讲了一遍又一遍，但依旧有孩子不能做到，面对这样的孩子我能做的是勇敢地面对，积极寻求解决办法。于是我在班内设立小小报餐员，在每个小组内安排一名值日生，为的就是提高幼儿的参与感，进而提升孩子自我服务和自我监督的能力。也正是如此，我深刻领会到只要心中有爱，眼中有孩子，手中有方向，就会顺利化解一切问题。幼儿工作要因地制宜，因人而异。庄稼成长要温暖，孩子的成长也是如此。"千人千样，一个孩子就是一个多彩的世界。没有水磨的功夫，没有爱心，就不可能拨动孩子的心弦，奏出悦耳的乐曲"。

以赤诚之心为孩子的发展谋幸福。

教师的专业成长须循序渐进，尊重儿童客观发展规律的前提下辛勤耕耘，才有可能在教育孩子时得心应手。青年教师走上岗位，满怀豪情，自觉理论扎实，能游刃有余地施展自己的教学本领。殊不知，紧张才是常态，终身学习才是保障。记得在一次吃完午饭后，我让中班的孩子去图书区自行阅读绘本，可是他们却拿着绘本打打闹闹，吵闹的声音越来越大，书本已然成为玩具。孩子没有良好的阅读习惯，这让我开始思考如何培养他们的阅读习惯，希望通过阅读绘本，丰富幼儿相关经验，为前阅读能力、语言发展奠定基础。"春秋万法托于始，几何万象起于点。人生百年，立于幼学。"从绘本阅读出发，借助绘本读、做、画、演等形式，和五大领域全方位融合，让孩子获得生动的成长体验，更希望阅读永远埋藏在孩子心底，变成他们生命中一颗幸福的种子。在与幼儿相互讨论后，我在班中开设活动，将绘本作为幼儿阅读的材料，活动之初，我向家长讲解了本次活动的目的，并且对阅读书目作出了细致的挑选。也认真倾听、及时记录家长们对于幼儿阅读的需求。在孩子们进行小小绘本读书会的过程中，我观察到他们容易被感兴趣的画面所吸引，很难做到从头到尾细致阅读。因此，教给幼儿如何有序阅读成为第一阶段的重点。而在后来的听书阶段，我利用APP为幼儿阅读绘本，方便家长在家中即可为幼儿播放由老师讲述的绘本故事。"老师，我爸爸昨天给我播放了你讲的绘本，这个故事太有意思了。"就这样，孩子们点燃了阅读激情，午饭后的孩子再也不是无聊的吵闹，而是与同伴分享自己所读的有趣绘本，看着孩子们发自内心的喜欢绘本，爱上阅读，我由衷地欢喜。最后为了让孩子们能够表达、概括书中的内容，我组织了展演绘本故事、表征绘本情节、自制绘本图书的活动。展演绘本故事，通过制作道具、服装，搭建舞台等，提供给儿童进行绘本表演的展台，让儿童亲身参与到一场童话剧的表演当中，在这个过程中引导儿童能够创意制作，尽最大的可能展现自己。表征绘本情节、自制绘本图书，让孩子们用水彩笔画出自己最喜欢的故事情节，绘画作品完成后将其汇集成册成为班级的自制图书供孩子翻阅。从读到说，从说到讲，从讲到演，从演到自己做绘本，将阅读落到实处，把绘本融进生活，根植于每个孩子心中。且在绘本阅读中，孩子们与奇妙的故事相遇，展现出积极的学习态度和良好的行为习惯，养成了主动、专注等学习品质。让我明白了于漪老师的那句"一生做教师，一生学做教师"的至理名言，也让我明白了作为一名青年教师要在自己的专业上求知若渴，去拓宽自己的视野，在知识的纵横领域上下工夫，引领和激发孩子全面发展。

教育家苏霍姆林斯基曾写到："我生活中什么是最重要的呢？我可以毫不犹豫地回答说：爱孩子。"教育是爱的事业，爱是处理一切关系的黄金法则。只有用一颗爱心在这片理想的土地上耕耘，勤勤恳恳地用自己的汗水在土地上浇灌，理想之花才会盛开。教育是用心的事业，是一颗树摇动另一颗树，是一朵云推动另一朵云，是一颗心唤醒另一颗心。因而教育是需要我们拥有水滴石穿般的坚守，拥有咬定青山不放松的执着。

学然后知不足，教然后知其困。我会用每一个关爱的眼神，每一句温暖的话语唱响责任。非常喜欢冰心的一句话：爱在左，责任在右，走在生命之路的两旁，随时播种，随时开花。爱与责任，闪现于我们工作的点点滴滴；爱与责任，让我们勤心耕耘着幼教事业这片沃土；爱与责任，让我们用情点亮孩子心中的明灯、照亮孩子的未来。

坚守教育初心　担当育人使命

胶州市教师进修学校　孙静怡

"忠于党的教育事业，贯彻国家教育方针……有理想信念，有道德情操，有扎实学识，有仁爱之心。为中华民族的伟大复兴，为人类社会的文明进步，我愿献出全部力量"！

我无数次回想起，五年前自己作为新教师入职宣誓时的场景，庄严的誓言绕梁激荡。我们全体新教师庄严宣誓，许下对教育事业的豪迈誓言。那一刻，我为成为一名人民教师而自豪；那一刻，激励着我坚守教育初心，担当育人使命。

教育是对事业的热爱与奉献。印度诗人泰戈尔曾说过："花的事业是甜蜜的，果的事业是珍贵的，但是让我做叶的事业吧，因为叶总是谦逊地、专心地垂着绿荫的。"教师就像默默奉献的叶子，因为热爱，才能一生与花相伴。

时常听人说"教育是个良心活儿"，只有成为教师后，才深刻理解其中的含义。教师面对的是祖国的花朵，是国家的希望和栋梁，肩上担负的是国家的未来。只有热爱教育，把教师职业当成终生追求的事业，才会倾其所有，无怨无悔。

"全国最美乡村教师"张桂梅坚守教育初心，牢记立德树人使命，扎根贫困地区40多年，倾力建成全国第一所全免费女子高中，让1600余名贫困女生圆梦大学。每次看到她瘦小的身躯，沧桑的面容，贴满膏药的手，都让我由衷地敬佩和心疼。她潜心育人的敬业精神和至善至美的师德大爱，感动了全中国，令所有人动容。

在我们学校，有这样一位老师，她从教25年，连续到农村中学支教15年，所带班级的成绩在全市名列前茅。我曾问过她，是怎样的力量支撑她每天早起一个小时赶公交车，15年如一日，风雨无阻连续支教15个年头？"因为我喜欢孩子，喜欢上课"，简单朴实的回答震撼了我，也使我明白了教育的真谛——爱就是唯一的理由。或许她没有惊天动地的事迹，却用平凡的行动诠释着高尚，用真挚的热爱书写着一名人民教师的伟大。

当我满怀激情地站上讲台，面对着一双双求知的眼睛，体会到人民教师的责任重大，决心在三尺讲台上挥洒汗水，将青春与才能奉献给学生。在实际的教学过程中，我对教师职责有了更深的认识。

工作第一年，我任教一年级两个班的语文学科。面对刚刚从幼儿园升入一年级的孩子，由于他们年龄小、自控能力差，种种状况始料未及，我手足无措。如何让学生坐住并且认真听讲，是摆在我面前的头等大事。我开始向周围的同事学习，拎着凳子去学经验、听门道，我去听语文老师的课，学习怎样教语文，从一撇一捺开始，从拼音怎么读开始，然后自己认真研究每个字的占格、笔画等。我还积极向班主任取经，在常规管理方面也收获颇多。为了让一年级的孩子们尽快步入正轨，我从每个动作、每个口令开始进行反复训练。一个简单的坐、站、走路队、读书姿势，我们都要经过成百上千次反复训练。经过一段时间，学生们终于养成了良好的学习习惯，课堂常规大有进步。

培养课堂常规只是教育教学过程中极其微小的一部分。要成为教书育人、为人师表的好老师，需要高尚的道德情操、扎实的专业技能、仁爱之心以及充满智慧的教育方法等等，这实属不易。而做到这一切的前提唯有热爱，真心热爱教育事业、热爱学生，对教师职业充满责任感和使命感，才能甘于奉献，无怨无悔。

教育是对学生的关爱与呵护。鲁迅先生曾指出："教育是植根于爱的。"人民教育家陶行知说："没有爱就没有教育。"教育不是一个空洞的名词，它源于内心的责任，是点点滴滴落到实处的关爱，是对学生内在动力的唤醒。只有关爱学生才能真正教育好学生，关爱学生是最好的教育。这种关爱是发自内心的无私的爱，无私付出，不求回报。

关爱学生需要真情。在与学生相处过程中，我深深体会到，老师真诚的关爱会给孩子稚嫩的心灵带来温暖与呵护，对孩子一生可能产生巨大的影响。

有一段时间，班上一个学习很认真的女孩，经常情绪低落、注意力不集中，我了解到女孩的妈妈不久前因病去世了，这突如其来的变故对她幼小的心灵是巨大的打击。我十分心疼，课下经常与她谈心交流，小心翼翼地了解孩子内心的想法。在女孩生日时，更是特意为她买了蛋糕庆祝，还以妈妈般的口吻给她写了一封信，"孩子，从今天起，我就是你的妈妈，有任何的委屈、难过，到妈妈这里来，妈妈会一直守护你……""妈妈！"女孩再也抑制不住内心的激动，紧紧地抱住我，幸福的泪水顺着稚嫩的脸庞，肆意流下。望着泪流满面的孩子，我轻轻抚摸着她的头，不禁也潸然泪下。我用真挚的爱陪她度过了那段黑暗时期，女孩逐渐重拾快乐与自信，变得更加坚强。

关爱学生不是溺爱，而是宽严相济的爱。真正的关爱，不是对学生无底线纵容，而要正确引导学生的思想品质，严格管理行为规范。同时，要多一点宽容、理解和耐心，充分尊重、信任孩子。

去年，班里有个孩子非常任性调皮，上课不认真听讲，经常随便说话、甚至下位，扰乱课堂。还不肯承认错误，耍赖哭闹，甚至有时故意跑出教室，满教学楼乱窜。学习方面不爱动笔写字，回答问题也很不积极。经过了解，这个孩子从小跟着爷爷奶奶住在老家，十分娇惯，父母因常年不在身边也比较溺爱。

没有规矩不成方圆，他父母了解情况后，很后悔，也很着急，经过多次沟通，我们达成了共同帮助他建立规则意识的共识。商定好不论在家里还是学校，在他任性蛮横的时候绝不纵容他，让他知道哪些可以做、哪些不可以做。等他情绪平静时，给他讲道理，与他谈心，让他知道我们是喜欢他的，并鼓励他知错就改、争取更大的进步。他上课表现好的时候，我也会在全班同学面前，赞赏并奖励他小贴纸。我与他父母之间经常沟通，及时了解孩子的情况，相互配合，共同帮助他培养良好的习惯。不知不觉，他真的发生了不可思议的变化。上课违反纪律的情况变少了，很长时间都没有任性耍脾气，不愿意动笔的他竟然开始认真写字，每天还会告诉我获得几个小贴纸了。对于他的转变，老师们都感到很惊喜，都说简直就像变了一个人，攒够了10个小贴纸，我也给他换了表扬信，他非常高兴，捧着表扬信宝贝得不行，兴奋地向好几位老师展示。

有一天，他来到办公室，走到我身边，害羞地把一张小纸条递到我手里，我打开一看，是用稚嫩的笔迹写的：开心快乐。我的心里有说不出的感动。看着这个孩子越来越优秀，我也由衷地感到高兴，通过自己的教育行为，能使孩子有一点点进步，我觉得付出再多都是值得的。教师这个职业最大的幸福感就在于此吧。

爱是老师在学生心中涂上的底色，我还特别注重发现学生身上的"闪光点"和微小进步，并及时给予学生中肯的表扬，引导他们、激励他们。对学生一个肯定的眼神、一声亲切的叮咛、一句关心的问候，都凝聚着我对学生真挚的爱。我相信，只有充分尊重、理解、呵护和信任孩子，保护他们的自尊心，才能给孩子健康、理性的爱；只有付出更多真诚无私的关爱，才能让更多的学生亲其师、信其道、感其诚，学会爱，分享爱。

教育是生命与生命的沟通，当好学生成长的引路人，是教师的责任，更是广大教师的荣光。我将始终热爱教育，热爱学生，不忘立德树人初心，担当教书育人使命，让青春在为教育事业的不懈奋斗中绽放绚丽之花！

定制成长

平度市职业教育中心学校　孙闻临

　　我整理衣柜时，翻出一条折叠整齐的蓝色工装裤，思绪一下子被拉回到四年前那个炎热的夏天。彼时的我刚刚进入学校三年，担任班主任半年，被学校外派带学生到服装厂参加实训。我带的班级是一个由30个女孩组成的服装班，不同于毕业实习的学生，她们刚进入学校不足一年，十五六岁的年纪，只学过半年的服装制作。

　　初入企业，我内心是忐忑的。第一次带队实训，怎样安抚首次踏上工作岗位的学生，如何与家长和企业进行沟通，安全方面怎样做到万无一失，方方面面都是未知，然而更多的是对未知的好奇，好奇企业的运行模式与学校的不同、好奇学生进入企业会有怎样的表现……带着忐忑和好奇，我和30个学生踏上了为期三个月的实训之旅。每天固定时间集合、打卡、清扫、早会、工作，经常是宿舍、食堂、车间三点一线，学生们不断学习服装制作工艺和手法，实践每一道工序，慢慢习惯和适应了服装车间的生产流程。我每天都会去车间看她们、用相机记录下她们每一步的成长；陪她们一起完成工作。见证她们迎着朝阳在宿舍楼下集合、跟着师傅认真打扫卫生、忘记了苦累埋头工作、在食堂大口吃饭……

　　不久，学生们就开始学习裤子的制作，这也是学生们的考核项目。每完成几步，负责实训的师傅就会按照ABCD四个等级进行打分，所有的学生都严阵以待。很快，第一次打分开始了，实训师傅在前面把写着名字的作品一一打分，我跟在后面挨个看，时而表扬或鼓励几句。当我走到一个女孩身边，看到她已经迅速把作品收起来了，对着我尴尬地笑了笑："老师别看了吧，做的不好……只得了C。"这个女孩长着一张圆圆的脸，性格憨厚可爱，同学们都亲切地叫她"胖胖"。她是班里公认的"三好生"，每次考试都是班级前两名，设计图画得好，工艺课上老师也经常夸她做衣服手脚利索。对于她的成绩我有点惊讶，可是想到她可能是哪里做得不对，于是走上前拍拍她肩膀安抚道："没关系，一会问问师傅哪儿做得不好，改一改，后面几步做得更好就是了。"她又朝我笑了笑，嘴上答应着"好"，可是我看得出来这个女孩还是不开心，下午再做裤子的时候，她整个人都是蔫蔫的没精神。我知道，这是她的好胜心作祟，这个分数远远没有达到她对自己的要求，挫折和失败就像一块大石头挡住了她前进的路。作为班主任，我要帮她一起搬掉这块"大石头"。

我要怎么做呢？稍一思考，计上心来。第二天早会，我带着两片裁好的裤片来到车间，学生们看到后都很惊讶："老师，你也要做裤子吗？"学生都知道我是计算机老师，并不会做裤子。我笑着说："是啊，学校要求我也做一条裤子，你们可要帮忙哟！"早会过后，孩子们在自己的工位上又忙碌起来，我也在一台缝纫机前坐下，按照师傅讲的步骤开始做，一上午的时间，请来几个学生轮流当我的老师，不厌其烦地请她们示范，记下笔记，然后自己制作。中午下班前，我对胖胖说："下午轮到你来教老师了，准备好。""可是，老师我不行……"胖胖一脸为难，我拍着她的肩膀对她说："一次做不好不丢人，你看老师也是拆了缝缝了拆，错的地方比你多得多。"胖胖看一眼我的裤子，又看一眼我的笔记，喃喃道："那好吧……"我知道她是个热情的孩子，不会再拒绝我的请求。下午，我故意晚了一会儿才到车间。刚坐好，就看到已经恢复了往日模样的胖胖，正在教同组的女孩改拉链。见到我，她笑得十分灿烂，给我讲解的样子也是自信满满"老师，按照这个步骤做一定能做好！"我笑问："这么确定么？""老师，我已经请教了师傅，把我的裤子拿给师傅看了，也找到了问题。"她有点不好意思。我开心道："那现在还在纠结分数么？学会做裤子的成就感可比得一次高分的成就感更高，对吗？不要怕困难，有问题就多问，解决了就好！"她腼腆地笑笑。我知道，她懂了。

几天后，学生们的裤子完工了，我的裤子也完工了。当31条裤子摆在一起，我们都发自内心地微笑，那是我们的劳动果实，这其中有许许多多的辛苦和失败，但这一刻，当作品摆在面前的时候，那些辛苦和失败都不算什么了。在这个过程中，我也看到了学生们的成长和转变。这种成长和转变来自哪里呢？是那天，当我告诉她们裤子可以带回家给父母看看，一个女孩拿着自己做的裤子改了又改，有点沮丧，又有点倔强，那种一定要做好的决心让我为之动容；还是更早以前，在车间里走着，一个女孩突然把我叫住，兴奋地为我演示她学会的新工序，手法熟练、一气呵成，那一刻我看到她身上闪烁着不同以往的自信光芒；又或者更早以前，每次问到她们累不累，她们总是告诉我不累或者还好，看着她们坚强的模样，谁的内心能不被触动？每一天都会有一件件小事发生，而学生们就在这一件件小事中成长起来。

当下，个性定制越来越流行，服装可以量体定制，学生们的成长何尝不是？班里有个女孩性格文静，说话很少，成绩一般，我曾经有点苦恼这样的孩子走上社会要怎么办。但是，在实训中，这个不爱说话的女孩却让我刮目相看。每次经过她旁边，无论手头是什么工作，她总是静静地干、认真地干、仔细地干，像是雕琢一件艺术品。这样认真的工作态度，哪一个企业会不喜欢？像这样的孩子其实还有很多：有的学生活泼好动，嘴巴从不消停，让我很头痛，但是工作中机警灵动，不仅能很快完成自己的工作，还能主动帮人；有的学生在服装制作能力上或许差一点，但可以记得班长、师傅说的每一句话，从不犯错……每个学生都有自己的闪光点，正是这些闪光点令她们与众不同，也正是这些闪光点是我们帮助学生规划成长路线的方向和依据。

能成为这些服装班女孩的班主任，让我逐渐相信，每一个学生最初都是一块白色的布，他们洁白无瑕、纯真可爱，经过家长的熏陶、学校的教导、社会的历练，才有了不同的颜色、不同的花样。作为老师，我愿意充当服装设计师的角色，为每个学生定制属于他们的成长方案，让每一个学生发现自己的美，走出属于自己的个性人生。

心栖新路

——我于教师的历程

青岛滨海学校 刘致远

翻看厚厚的工作笔记，恍然发现，自己步入教师行列已经是第五个年头。

入职时选择了一所新建学校，和我的工作履历一样，一切都是从零开始。第一年上班的自己，成为一名一年级的班主任。如今，我们已经相处了五年，在陪伴孩子们成长的道路上，用点滴付出收获的感悟与成绩也是我不断成长的最好见证。

从"心"开始，细致入微做好班级管理

班级管理，是我作为"新晋"班主任的第一课。回顾这几年的班级管理过程，最重要的无外乎一个"心"字。

了解学情需用心。充分了解班级内的学情是每一位班主任必须的"功课"，新建班更是如此。为了互相了解，开展形式多样的家访是极其必要的。但是，如何让家访更有成效？这需要真正用心去揣摩。我认为在进行必要的家访沟通时，可以根据自己的实际需要设计一份尽可能具体、实际的学生信息表。这份材料将是未来开展班主任工作最重要的基石。表格中应尽可能具体地记录学生的家庭情况、父母平时教育孩子的分工情况以及学生的性格、身体、自主性等多方面的实际情况。前期了解得越详细，不仅利于后期开展工作，而且带着真诚、尊重的态度与家长进行交流时，也会在无形中与家长拉近距离，更容易得到家长的支持与理解。通过这样的方式，我不仅在最短时间内熟知了班内学生的基本情况，也为自己此后几年的班主任工作奠定了良好的基础。

班级文化应为学生树立信心。早在新教师培训之时，我就记得一位名班主任曾强调，一定要给孩子一个明确的努力方向，引导他们"拧成一股绳"。的确，积极向上的班级氛围能够更好地带动学生健康成长。因此，在建班后的第一次家委会会议上，我就和家长们进行了仔细的考量。"滨海……海浪！"思想碰撞的火花一拍即合，单纯活泼的孩子就像一朵朵洁白的浪花，他们也可以像浪花一样簇拥着奋勇向前！随后，我们敲定"小海浪"为班级主题，在家长和同学们的共同参与下，先后设计制定了班徽、班训，提出了"拥有大海般宽阔的胸襟和海浪般乐动的灵魂"的班级愿景，同时为整个班级营造了充满海浪元素的装饰氛围。

"长安何处在，只在马蹄下"。我们想要给孩子强化精神力量，就需要将这种精神植根到每一位学生心里，让他们在遇到任何困难时都能想到这种精神，努力用这种精神迎接挑战。外在的物化之外，面对一年级的小孩子，我更倾向于用讲故事的方式讲解海浪拥有的精神力量，激发学生内心的认同感，并且在每一次参与活动或者面对挑战的时候，强化这种精神力量。久而久之，班级里的一朵朵"小海浪"都感同身受。五年的时间，这股迎难而上的勇气已经成为班级的底色，在大家共同面对的很多机遇与挑战中发挥了巨大的作用。

心手相牵，家校共筑圆梦舞台

家校共育，绝不仅仅是一种论调，真正做好，可能会收获意想不到的巨大惊喜。我们的班级，从最初的默默无闻，到后来崭露头角，先后收获"先进班集体"、"青岛市三星中队"的称号，再到最近积极备战、荣获"青岛市戏曲表演一等奖"，每一步的积累其实都离不开这宝贵的四字箴言。

就像我是一名新入职的教师一样，我遇到的家长们也都是初为父母，充满一腔热情，但是缺乏理论指导。作为新教师，我成功迈对了家校沟通的第一步——通过自己真正的用心，赢得了家长们的信任和支持，但是面对家长们"叫苦不迭"的诉求时，我意识到自己也需要进一步的"理论武装"。恰在此时，一次难得的家庭教育指导师培训为我打开了智慧的大门。

通过学习，我将积极家庭教育的理念带给班级里的每位家长，帮助焦虑中的家长们了解正确的沟通方式；同时也将自主教养的观念意识润物细无声地

"滋养"给班级里的孩子们，努力培养他们树立自己对自己负责的意识。久而久之，班级中越来越多的家长走出了迷茫状态，班级中的任课老师也能感觉到学生们在一点点进步。

作为一名班主任，除了日常需要对学生保持密切的关注，同时也要关注班级中家长的情况，尽可能地为班级中学生拓展课外实践的舞台。在良好的家校沟通基础上，许多家长都积极参与到学生的日常学习实践中，主动提供资源，和孩子们一起开展了丰富的实践活动：走进敬老院献爱心活动、公益义卖活动、环保公益活动、读书交流活动等。除此之外，在家长的积极沟通下，全班同学受邀参加市政府举行的国庆70周年大型升旗仪式，直观地进行了一次爱国主义教育；有幸走进军营，了解祖国海军发展壮大的奋斗历程。这些丰富多彩的社会实践，极大地拓宽了班级同学们的视野，让大家学习了很多课本以外的知识，也为后期我们打造先锋中队、评选三星中队奠定了坚实的基础。

但在我们这五年的宝贵经历中，最值得一提的是从小培养的京剧特色。

班级中有两位家长是国家二级京剧演员，日常的工作极其忙碌，但是对待专业表演工作的敬业精神令人深感敬佩。最初，我邀请他们进行家长讲堂，讲解京剧文化，只是想要让孩子们也直观地了解一下国粹文化。但没有想到，一次小小的活动点燃了班级中很多孩子的表演热情。更出乎意料的是，这两位家长也十分支持班级工作，五年来已经数不清有多少次，在繁忙的工作之余，尽可能地为孩子们进行免费的专业培训。就这样，班级中的京剧课堂正式"营业"了。

一点小火苗可以点燃多大的热情呢？在随后多年的校艺术节表演中，班级中的孩子们集体带妆表演传统京剧选段和现代京剧选段，效果惊艳，获得一致好评。就在上个学期，班级争取下了难得的区赛参赛资格。在为期两个多月的参赛过程中，所有孩子都仿佛经历了一场蜕变，不仅最后过关斩将取得了市一等奖的好成绩，更难能可贵的是，在备赛过程中，同学们展现出为班级荣誉而战的拼搏精神。时至今日，回想起每天训练后一张张疲惫不堪的小脸、参赛当天孩子们手写的简单而又充满力量的加油话语，我依然能清晰记得那份热泪盈眶的感动。

这一次次家校的心手相牵，带来的不只是荣誉，更是为孩子们搭建的筑梦平台、圆梦舞台。只此一次的童年，理应过得更加精彩。

时代是出卷人，我们是答卷人，孩子是阅卷人。对于我这样一名初入职场的教师而言，是专家们精心地培训指导、同事们暖心地关怀帮助、自己耐心地学习实践帮助我实现了一步步成长，是孩子的一次次进步见证我努力耕耘的身影。学习，我们永远在路上。

惟思将来也，故生希望心。在快速成长的航道中，所遇皆风景，所思在未来。镌刻在一份份成绩背后的，永远是自己成为老师之时的不变初心——心栖新路，行至远方。

浅谈我的成长之路

青岛市崂山区沙子口小学　李　晓

转眼间，来到青岛市崂山区沙子口小学工作已将近六年的时间了。六年对于我一生的教育事业来说，是沧海一粟；对于人的整个生命来说，也可能只是几十分之一。可是，六年对于我这个刚刚步入社会的人来说，却能用意义非凡来概括。

作为一名刚踏上工作岗位的青年教师，一开始，我心中不禁有些忐忑。幸运的是，学校领导和其他同事在工作和生活上给予我很多的关心和帮助，而我本人也倍加努力，使各项工作得以有条不紊的开展。在这六年里，我深刻体会到了做教师的艰辛和欢乐，我把自己的青春倾注于我所钟爱的教育事业上，倾注于每一个学生身上。

当然，我深深地知道，作为一名美术教师，光靠投入爱和精力是远远不够的，还要提升自身的业务水平。

一、积极参与集备活动

每周学校的教研组集备活动，我都会勇挑重任，提前准备好发言内容，积极与同事们进行同课异构活动，在大家的共同努力下，美术教研组的业务水平更上一层楼。后来，我还积极参与区里的学科大集备活动，在全区美术教师面前勇于展示自己，这对我以后的业务发展起到了促进作用。

二、积极报名参加名师工作室

在名师工作室里，我积极参与各项培训活动，每次活动都认真记录，回来反复学习，直至内化成自己的东西。

三、参与课题研究

积极参与山东省"十三五"规划课题《基于中华优秀传统文化的地方美术课程构建与教学实践研究》。在本课题中，我带领学校美术教师做了大量研究，积极参与区市省级各级各类活动。

1. 组织本校教师积极参加崂山区第一届美术教师课堂范画及学生课堂特色作品成果展

因为我们沙子口小学依山傍海，学校提出"以鱼授渔、自主成长"的办学理念，秉承"渔文化"的美育特色，所以我在刚踏入沙子口小学第一年就开设了贝壳画社团，将贝壳引进美术课堂，把常见的贝壳以不同寻常的形式展示出来，展现灵动、美好的生活。

在这次艺术品展览中，我们沙子口小学贝壳画社团集中展示了各种形式的贝壳作品，以课堂为载体，将生活中常见的贝壳变成一件件美丽的艺术品，得到与会专家的一致好评，并获得"最佳创意奖"和"优秀组织奖"，我本人的《清凉一夏》获得此次活动一等奖。

2. 参加山东省基础教育美育研讨会展览

崂山区自立项山东省教育科学"十三五"规划2020年度专项课题《基于中华优秀传统文化的地方美术课程构建与教学实践研究》以来，在"以美育人，立德树人"理念指导下，作为课题组成员，我把传统文化、地方美术与课题教学实践、教师专业化发展进行整合研究，对地方美术资源深度挖掘，在平常工作中，把优秀传统文化与地方美术课程有机融合在一起，发现"卡花模具"这一精致又有着古老故事的非物质文化遗产，于是，我把"卡花模具"引入课堂，做了一系列的作品。终于，山东省基础教育美育研讨会征集装置展的通知下来了，我与领导及教研组同事们经过认真研究、深入探讨，上交了设计稿，最终在全市激烈的角逐中脱颖而出，拿到了山东省美育研讨会的"入场券"，然而，这才仅仅是个开始……

接下来，开始正式的展览布置。为了能更完美地展示"卡花模具"这一非物质文化遗产，我们先在全校范围内征集旧的卡花模具，挑选出寓意较好、图案较清晰的来展示，再带学生去食堂亲自感受卡花的制作过程，把自己的感受带入课堂，从而做出更精致、有想法的好作品。

终于，在2021年5月18—21日，我带着全校师生的作品参加由山东省教育科学研究院主办的"山东省基础教育美育研讨会"，我校小渔村装置展在此次研讨会中精彩亮相，得到各级与会专家领导的一致好评。

3.应邀参加山东省"向海而生"蓝色海洋教育活动启动仪式

因为在山东美育大会上的精彩亮相，与会领导当即邀请我们学校的装置展参加在济南市融创茂举办的山东省"向海而生"蓝色海洋教育活动启动仪式。我们自知还有很多不足之处，于是在回到学校后，又继续对传统文化与地域特色进行研究。我们后来考虑到是海洋教育，于是融入了更多的海洋元素在作品中，因此，这次展览呈现给大家的不仅仅是传统文化，还有地域特色。

四、积极组织学校活动

1.全校范围内开展"童心向党 我与祖国共成长"活动，庆祝建党一百周年暨六一儿童节书画展。学生锻炼了绘画能力，又增强了对祖国的热爱之情。

2.邀请即墨葛村楂子非遗传承人王丕令老师到校讲座，学生对楂有了更加深入的了解。

3.2021年9月，为庆祝第37个教师节，在全校范围内开展"我为老师画张像""我为老师献束花"等活动。

4.为了让同学们更好地了解国庆节的意义，培养同学们对祖国的热爱之情，我校开展了庆国庆活动暨校园艺术节活动。同学们积极参与，绘制出一幅幅、一件件精美的作品来为祖国献礼。

五、专注自身专业发展

1.平常跟随崂山剪纸传承人苏霞老师学习剪纸，并加入青岛市民间美术家协会成为会员。剪纸作品《鼠去牛来报平安》，在2021年"青岛市剪纸·年画大赛"活动中荣获二等奖。

2.在平日工作中，积极读书，坚持读书打卡活动。

3.坚持参加区里组织的硬笔书法及速写群打卡练习，在青岛市青年教师基本功大赛中获得三等奖。

4.带领团队积极钻研，去年在沙子口小学开展了崂山区公开课，并带领团队分享项目式学习的相关研究成果，得到很好的反响。

六、积极撰写论文

学校组织的"读书打卡、燃梦行动"，我也积极参与，并且也会写一写随笔，靠着日积月累，我的《基于优秀中华传统文化融合区域美术特色课程的研究》在《中小学美术教育》杂志第3期中发表。

我们每一位青年教师都要拿起笔来，在咫尺讲台上耕耘人生，在辛勤写作中充实自我。青年教师面前都有两条路：一条通向辉煌，一条走向平庸。命运完全掌握在自己的手中。

新教师该如何上好一堂课？

山东省青岛第六十八中学　宋　玥

许多初出茅庐的新教师，在入职之初，会反复思考一个问题，那就是该如何高效地上完一堂课。在经过一段时间的探索后，我认为应该从三方面入手，即课前、课中、课后。只有这三方面都做好，才可以说是上好了一堂课。

一、在课前做好充足的准备

教学是有目的、有计划的活动，既有明确的目的，又有一般的规范。充分的课前准备是新教师上好课的前提。

1. 选择好教材

教材虽然是通发的，但我们应通过研究课程标准，了解课程的性质、任务、教学目标和内容要求等方面，有针对性地筛选和处理教材。例如，在教材内容的基础上丰富教材，在掌握内容逻辑体系和难点的基础上梳理各知识点之间的内在联系，初步确定教学内容的目的和任务；在明确教学目标要求的基础上丰富教学内容和信息资源。应从学生的学习兴趣和爱好出发，深入挖掘学生的生活经历，形成新的教材或资源，激发学生的学习动机，激发学生的强烈好奇心，对课文内容作适当的"补充"或"删减"，以此优化各种教学活动，引导学生思考和体验。

2. 选择好教学方法

教学方法有很多层次和类型，如教学法、说话法、表达法、讨论法、图表法、案例法等。教学方法应根据教学要求、教材内容需求、学生特点、教师能力水平和教学环境条件等因素进行优化组合。教学方法的正确选择和合理使用，对学生理解知识、掌握技能、培养能力、升华情感、形成读写能力等方面的学习效果具有乘数效应。

3. 选择好教学媒体

教学媒体是教师或学生在教学过程中选择和使用的媒体，目的是提高教学质量，优化课堂教学效果。教学媒体具有灵活创设情境、激发学习兴趣、反映事实、展示动态过程、演示操作、验证原则、突破重点、节省教学时间、提高教学效率等优点。例如，解释抽象概念或术语可以选择视频，直观的图片和直接的插图，这可以使学生更容易理解。

4. 编写好教案

编写教案是课堂教学准备的重要环节之一。教案有两种类型：详细的计划和简短的计划。一般来说，刚开始教学的青年教师应该写出详细的教学计划，包括每一个环节、每一个联系、每一个问题和每一个答案。如何连接上一课的知识，如何介绍、解释、结束，如何写一本书，如何询问学生，如何呈现PPT，应该采取什么样的教学方法，应该使用什么样的例子，如何使用教具，甚至应该预测、分析和评价学生的答案。教学计划是教师教学的主要依据，有利于教师的总结和改进。编写教案有三种主要形式，即文本形式、表格形式和程序形式。但在实际应用过程中，这三种形式可以结合使用。一个完整的教案通常包括课时、教学难点、教学方法、教学过程、黑板设计、作业布局和教学附言。新教师和青年教师必须严格要求自己，按照教案的基本格式为每节课编写教案。

二、认真组织课堂教学

课堂教学是一门艺术，精彩的课堂就像一出好戏，能够吸引学生的注意力，通过教师的语言艺术，把学生带入教师创造的情景中。青年教师在课堂教学过程中需要做到以下几点，以保证课堂教学的顺利实施。

1. 注意讲授技巧

讲解技巧是最传统、最常用的教学方法。它是指教师用自己的直白语言向学生讲授、解释、分析和演示某一内容或知识点的教学方法。有助于发挥教师在教学中的主导作用，引导学生正确理解和掌握所学知识。解释技巧有很多种，包括论述、推理和证明。在教学中：首先，要注意语言的简洁性；第二，教师应注意合理安排时间；第三，教师应该注意克服紧张心理，提前了解学习情况，注意讲解方法。

2. 注意提问技巧

提问是课堂教学中最基本、最常用的教学方法。它是师生面对面交流、对话、深化教学内容、激发学生思维、活跃课堂气氛的一种教学方法，有利于提高学生的学习兴趣，激发学生的思维活动，及时反馈教学信息，加强师生交流。提问技巧主要包括回忆提问、观察提问和理解提问。提问教学应遵循"问题—听力—评价"的过程，条件具体明确，易于理解，不会引起学生对问题的误解。

3. 注意管理课堂的技巧

在课堂教学中，即使是经验丰富的老教师也无法消除学生睡觉、聊天、开小差等违纪现象。即使采用项目任务教学，学生在完成任务时也会聊八卦或者走神。如果老师的课讲得枯燥乏味，学生们听课的可能性就会降低，课堂秩序也会更加混乱。此时最好的办法是"冷敷"，并选择幽默风趣的方法来化解它，而不是使用羞辱、讽刺和其他严厉的手段，因为这些简单粗暴的方法只会火上浇油，适得其反。

三、课后做到有反思、有总结

许多教师，尤其是像我一样的新教师，通常会犯一个错误，那就是只注重课前的准备和课中的表现，而忽略了最重要的一步，那就是课后的反思和总结。我所加入的名师工作室的主持人韩老师说，没有任何一堂课是十全十美的，或多或少都会存在一些瑕疵。我们要做的就是在每上完一节课后都要站在评课者的角度审视、反思、总结自己的这堂课，找出闪光点和不足之处。毕竟，一个人最大的超越不是超越对手，而是超越自己。只有这样，才能更快地取得进步。